中國飲食文化史 東南地區卷 · 下冊

The History of Chinese Dietetic Culture

Volume of the Southeast Region

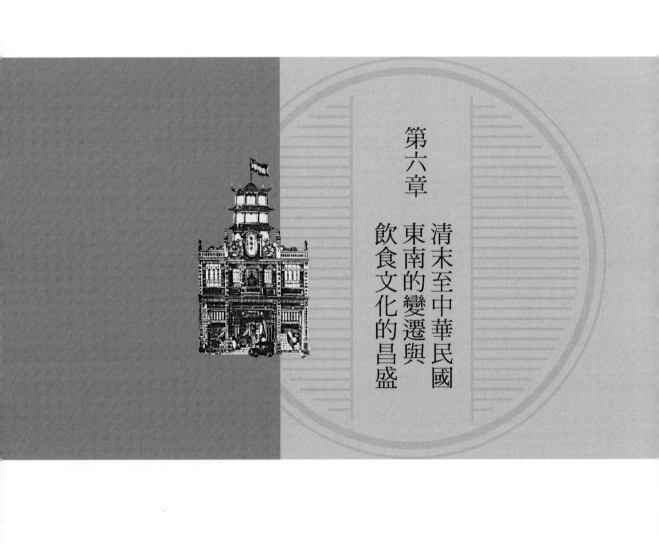

第六章　清末至中華民國　東南的變遷與　飲食文化的昌盛

鴉片戰爭後，根據一系列不平等條約實行五口通商，英割香港，葡占澳門，東南地區被迫成為中國最早打開大門的地區之一，西方文化開始大量進入。隨著西方資本主義文化的浸潤日深，東南地區的傳統文化不斷受到衝擊，越來越多地被塗上了近代西方文化的色彩。沿海港市的崛起，使東南飲食文化煥然一新，而近代工業的興起又使東南食品工業誕生。在保流傳統飲食文化的基礎上，東南地區逐步吸取了西方飲食文化，中西合璧的飲食文化逐步形成，自此東南飲食文化的發展進入了一個昌盛時期。

第一節　東南海港城市的崛起與城市飲食文化

近代中國的開放及中外貿易的發展，使東南一些最先開放的地方憑藉良好的地理位置和海港優勢迅速崛起，至民國時期，已發展成為近代工商業城市。受西方飲食文化的薰陶，中西結合的城市飲食文化有了進一步的發展。

一、澳門興起，中葡飲食齊發展

澳門原稱「濠境」，亦作「蠔境」。以產蠔豐盛故名。素有「東方鑽石」之美譽。它位於珠江口西側，包括澳門半島和氹仔、路環兩個離島，總面積29.5平方千米，東隔伶仃洋與香港相望，西邊與珠海市灣仔一衣帶水。澳門原本是一個小漁村，主要居住著廣東人和東南沿海的移民，在歷史上屬於廣東香山縣（今珠海、中山）管轄。一五五三年，葡萄牙人詐稱舟觸風濤，水濕貢物，願借濠境晾曬，「久之遂轉為所用」。隨後，葡人將澳門作為中西互市的港口和外貿市場，並於一五七三年正式向中國政府繳納地租，開始了其長期租居澳門的歷史。明清政府在對澳門行使主權和實行全面管治的前提下，允許葡萄牙人在澳門實行一定程度的自治。此後，澳門很快成為廣東沿海貿易集散地和海上絲綢之路的重要中轉站，人口也隨之增加，

大量華人湧入澳門定居或經商，葡萄牙人亦紛至沓來。至萬曆年間，澳門已是「高居大廈，不減城市，聚落萬頭」[1]，初步形成近代城市景觀。一六四〇年，澳門人口已超過四萬人，其中中國籍人口二萬人，葡萄牙人六千人，此外，還有來自西班牙、義大利、英國、德國等國的歐洲人和來自日本、朝鮮、印度、馬來西亞等國的亞洲人，那時澳門已成為重要的國際商業城市。一八八七年，根據《中葡和好通商條約》，葡萄牙人獲得了「永居管理」的權利。直到一九九九年十二月二十日，中國政府收回澳門主權。

澳門是中西文化最早的交會點，富有中西合璧的情調，在十六至十八世紀形成了高潮。澳門原屬廣東，居民絕大多數是中國人，其中廣東人占絕對優勢，廣東人中又主要是廣府人，其次是潮州人、客家人、海南人，因此廣東人的生活習慣、風俗禮儀在澳門影響最為深遠。同時，澳門自一五五三年被葡萄牙人占據以後，隨著葡人及其他外國人的入居，西方生活方式也隨之而來。隨著中西文化的交流，澳門居民的禮儀習俗逐漸發生變化，帶有明顯中西合璧特點的澳門飲食文化也逐漸形成。

❶·崇尚傳統食俗，海鮮食品豐富

與廣府人一樣，澳門人非常重視傳統佳節，在節日中也特別講究吉利。中國最隆重的傳統節日是春節，早在春節來臨之前，澳門人就紛紛上街置辦年貨，並且講究年貨及做菜的好寓意，以示來年平安順利、大吉大利。如年糕，意思是年年收入步步高；煎堆，煎堆碌碌，金銀滿屋；紅色瓜子，寓意「福星降臨」，瓜子形狀像小銀元，剝瓜子也叫「抓銀」。對年菜的取名也多用吉利之詞，如「髮菜蠔豉」，按廣州話來說就是「發財好事」。元宵節，澳門人要吃湯圓後才去燈會賞燈。端午節，人們喜吃粽子和賽龍舟。中秋佳節，人們相互之間餽贈月餅成了傳統。

廣東香山人喜吃糕點、餅食，光緒《香山縣志》有載：「炊籠糕，大者至數斗，

1　王士性：《廣志繹》卷四，上海古籍出版社，1993年。

其以糖炊者曰甜糕，否則曰白糕，豆殼灰和粉炊者曰蘸糕，黃葉汁和粉炊者曰黃葉仔糕，其炊糯米為飯採作餅者曰白餈。」澳門人把香山的糕點、餅食製作的傳統進一步提高和改進，形成了蔚為大觀的餅食製造業。十九世紀早期，美國人亨特來到澳門，看到澳門有許多糕點鋪子，他對其中一家鋪子裡的食品作了生動的描述：

「澳門有各種極珍貴鬆餅。這間鋪子是製作龍鳳甜餅的，做工精良值得稱道。可以用來送禮或應節。有玫瑰色鑲邊的結婚禮餅，有用來餽贈親友的中秋月餅。精緻的包子裡包著甘香的鵝油和美味的豬肉。角錐形的糖被稱為『聳入雲端的千層高閣』。有糖做成的屋宇、洞室和人物、鳥獸的塑像。品種繁多、用料名貴的餃子。美味的白面糕，純白如銀，摸上去柔滑如絲，食之可以延年益壽。還有總是那麼好賣的蜜糖煎餅，永遠是那樣刺激食慾。形形色色的『老頭飯』吃起來香滑可口。此外還有蜜餞的名貴水果，摻和著一些芳香辛辣、味道雋永的作料，有一種令人愉快的風味。品種多得數不盡。在這間鋪子都有出售。」[1]

由於廣府風俗中嫁女必備禮餅，故餅鋪的生意興隆日盛，澳門餅食譽滿東南。

澳門臨海，當地居民自古就以打漁為生，魚蝦等海鮮產品是澳門人最普通的菜餚，市場上海鮮商品琳瑯滿目，「咫尺沙岡市，魚蝦不少錢。蟹黃隨月滿，沙白入春鮮」[2]，正是明末清初澳門人生活的寫照。

澳門盛產鮮蠔，道光《香山縣鄉土志》也提及澳門青洲產蠔。澳門舊稱蠔境，內港河道稱蠔江，可知澳門當時蠔的數量之多，蠔是人們日常食用的食物，也成為當地著名的土特產。不僅如此，人們還普遍製作蠔油，《澳門雜詩》有「獨有蠔油腴且雋」之句，陳澧在《香山縣志》中亦云：「蠔油，煎蠔汁為油，味勝鹽豉」。

❷·西方飲食的傳入，與飲食文化的交融

隨著澳門的開埠，葡萄牙人紛紛東來從事貿易，謀取財富。他們定居澳門，生

1　亨特著，沈正邦譯，章文欽校：《舊中國雜記》，廣東人民出版社，1992年。

2　屈大均：《香山過鄭文學草堂賦贈》，《中山僑刊》，2011年第97期。

息繁衍，既給澳門帶來了西方的飲食，也帶來了西方的生活方式：穿洋服，吃西餐，住洋房，說洋話，行洋禮，寫洋文，以及開辦學校、教堂和醫院等，使當地居民「漸染已深，語言習尚漸化為夷」[1]。這一切使澳門成為一座西洋文化氣味很濃的小城。對此，文獻有很多記載。

《澳門紀略》中講到葡萄牙人「飲食喜甘辛，多糖霜，以丁香為糝」，同時也記載了其飲食方式，「每晨食必擊鐘，盛以玻璃，薦以白布，人各數器，灑薔薇露、梅花片腦其上。無几案匕箸，男女雜坐，以黑奴行食品進，以銀叉嘗食炙。其上坐者悉置右手褲下不用，曰此為『觸手』，惟以溷（hùn），食必以左手攫取。先生擊生雞子數枚啜之，乃割炙。以白布拭手，一拭則棄，更易新者」。葡人飲食不用匙和筷子，而是用一塊方尺許的西洋布，置小刀在布上，「人一事手割食之」。他們吃的米飯是西國米，「色紫柔滑，益胃和脾」，飲的是西洋酒或葡萄酒，「味道醇濃，倒入玻璃杯中，呈琥珀色」[2]，「色如琥珀，亦貯玻璃瓶，內外澄澈，十二瓶共一筍也」[3]。

葡萄牙人懂得享受，其菜餚豐富，主要有清燉肉（雞）湯、香菇蝦餡小酥餅、野味肉凍、串烤沙灘鳥、小牛肉、牛舌、蛋白杏紅烤甜餅、乾酪火雞、煨火腿、里昂灌腸、奶酪及各式蛋糕；喜歡高檔菜餚，有燕窩，「烏白二色，紅者尤佳」，還有無刺的海參、糖醃百果、蕃餚餚等；喜用茶蘼（mí）入飲饌，茶蘼本是大西洋的一種植物，葡人據其花做成上等的茶蘼露，沾灑人衣，芬芳效果頗佳；以茶蘼露注入飲饌之中，可使飲料和食饌更為芳香誘人。

葡人東來，把不少國外蔬菜、水果等傳至澳門。澳門的「西洋菜」即來自國外，西洋菜即涼菜，又稱「豆瓣菜」，內地有產。據說一百多年前，有一名來澳的葡人船員，因患嚴重肺病而被拋棄一海島上，靠島上的一種水生植物治好了他的肺病。後得路過的船隻救助來澳，並將那種植物移植澳門，此植物即是西洋菜。以

1　印光任、張汝霖：《澳門紀略》卷上《官守篇》，廣東高等教育出版社，1988年。
2　葉權：《賢博編》，中華書局，1987年。
3　杜臻：《粵閩巡視記略》卷二，文淵閣四庫全書本。

後，西洋菜成為澳門很普通的一種菜蔬，既可熟食，也可生吃，氣味不俗，具有去燥潤肺、化痰止咳、利尿等功效，在乾燥的秋冬季節，成為一般人家用來煲湯的上好用料，是一種益腦健身的保健蔬菜。

洋秥（nián，糯稻），又叫竹　，「來自洋舶，土人有種者，肥田宜之」；薏苡，二三月生，「米如白珠，不甚圓。一種小粒而圓者，出外國，曰洋薏苡」；菽和蘭豆，「近數十年得種於澳夷，今處處種之，蔓生花白，莢比扁豆小而狹長，子如珠，青脆軟薄，味甘」；耶珠菜，又稱蕃薺蘭，葉子呈藍色，「類薺蘭而大，一科重至數斛，莖端嫩葉團結似椰子內珠，味甘脆，其種來自蕃舶，夷人多種之。」[1]洋蔥也來自海外，葡人引進澳門用作菜餡，其形狀「如獨蒜而無肉，縷切為絲，玲瓏滿盤，以之餉客，味極甘辛」[2]。

傳入的水果也不少。羊桃，亦為楊桃，能為藥，具有辟嵐瘴之毒的作用，有中蠱者，搗汁飲之，毒即吐出。做成果脯，還能治水土不服和瘧疾等病。《澳門紀略》記載：「（羊桃）如田家磚碌狀，又曰『五稜子』，粵產味酸，澳門數株高六七丈，種自西洋來，花紅，一蒂數子，大而甘。」丁香，樹高丈餘，「葉似櫟，花圓細而黃，子色紫，有雌有雄，雄顆小，稱『公丁香』，雌顆大，其力亦大，稱『母丁香』，蕃人常口含嚼以代檳榔，亦釘之牛羊中蒸而食。」洋山茶，葡人從海外引進澳門種植，「有紅、白二種，重苔千層，性畏寒，而花色絕勝。」蕃荔枝，大如桃，色青，「似殼非殼，擘之中有小白瓢，黑子，嚼之味如菠蘿蜜。」陳澧《香山縣志》中也有記載：「蕃荔枝，種自西洋，邑處處植之，皮內有細紗如梨，中數十苞，每苞一核，味甘芳，雖名荔枝，實非其族也。」一六七九年，耶穌會士曾進獻康熙帝品嚐。另有橄欖（一名青果）、甜荔枝、酸荔枝等水果，一七二二年，暹羅曾貢大西洋青果15株、甜荔枝30株、酸荔枝20株。

此外，還有營養豐富的牛奶及奶製品等，這一切，極大地豐富了澳門的飲食文

1　祝淮：《香山縣志》卷二《輿地》，刻本，1827年。

2　印光任、張汝霖：《澳門紀略》卷下《澳蕃篇》，廣東高等教育出版社，1988年。

化。

明清時期澳門的中外往來頻繁，使澳門的許多華人也接受了西方的飲食習慣，「久居澳地，漸染已深，語言習尚已漸化為夷」[1]。葡萄酒傳入澳門後，中國人不但開始飲用，而且也學會了釀製。「外洋有葡萄酒，味甘而淡。紅毛酒色紅，味辛烈。廣人傳其法，亦釀之，與洋酒無異。洋酒者數十種，惟此兩種內地能造之，其餘不能釀也。又有黑酒，蕃鬼飯後飲之，云此酒可消食也。」[2]同時，西方傳來的食物也深受中國人喜愛，當地有首歌謠深刻反映了這點，「麵包乾餅店東西，食味矜奇近市齊。飲饌較多番菜品，唐人爭說咖喱雞」[3]。

葡人長期定居澳門，受中國飲食的影響也創製了不少中西結合的佳餚。如「葡國雞」就是當地葡人融入了中國雞的熬法製成的，只是用西餐方式上菜，食之確實別有一番風味，也贏得了中國人的喜愛。此外，「馬介休」（一種鹹魚炒飯）、「咖喱蟹」以及被稱為「喳咋」的一種甜食，都成了中葡人所共同喜愛的食物。在生活方式上，「東西結合」也很明顯，外國人有很具體的記載：

「在澳門的烹調方面，產生了文化融合現象。有些風味的菜餚可以被獨特地稱之為澳門菜。例如，fasho和capella。前者是多種肉的雜燴，後者則會有豬肉和杏仁。然而，中國菜對澳門烹調的影響是很小的。澳門菜包含著果阿和馬六甲烹調的情趣。

雖然中國菜的烹調方法相對來說很少受到西方的影響，但是中國人所吃的水果和蔬菜的種類卻深深受西方產品的影響。這一點毫不奇怪，因為廣東菜一向以吃幾乎任何東西而著稱於世。就連北方的中國人也這樣說：『一樣東西如果有腿而不是桌子，或者有翅膀而不是飛機的話，那麼廣東人就會吃它。』

青豆、甘藍、萵苣，水田芹在廣東話裡仍被稱為西洋蔬菜，而西洋則是葡萄牙國名的俗稱。菠蘿、番石榴、番荔枝和乾辣椒也是由葡萄牙人以廣泛分布的葡萄牙

---

1 印光任、張汝霖：《澳門紀略》卷下《澳蕃篇》，廣東高等教育出版社，1988年。

2 阮元：《廣東通志》卷九五《輿地略》，上海古籍出版社，1990年。

3 中國第一歷史檔案館等編：《明清時期澳門檔案文獻彙編‧文獻卷》，人民出版社，1999年。

帝國的其他地區帶入的。他們的另一項重大革新就是製作河蝦醬（hamha），這已成為中國南部地區即使是最偏遠鄉村的一項副產業。

澳門的葡萄牙人常常到中國餐館進餐，而中國人也經常進入葡萄牙餐館。在許多比較小的餐館，人們可以同時預定葡萄牙雞和中式炒麵，許多本地小飯館則以這種方式把各種食物混合起來制飯。」[1]

這裡還要提到葡人傳至中國的鴉片。鴉片，起初是作為藥品由葡萄牙人、荷蘭人傳入中國的。曾有說法云，明末葡人曾向中國皇帝進貢鴉片兩百斤，向皇后進貢一百斤。一五八九年，鴉片列入明政府的關稅徵收表。一六八五年，清朝開放海禁，鴉片重新列入關稅徵收範圍，輸入漸多。至鴉片戰爭前，澳門成為外商長期對華鴉片輸出的重要基地。鴉片及其吸食之法的輸入，首先使沿海居民出現吸食鴉片之風，吸食之法也不斷花樣翻新，隨後不斷流行各省，對中國社會經濟和人民造成巨大的危害。

二、香港崛起，粵菜與西餐共興

香港位於珠江口東側，北與深圳相連，西與珠海、澳門相望。包括香港島、九龍、新界和周圍235個大小島嶼，全境面積1078平方千米。香港地區自古就屬於中國。

在十九世紀英國占領之前，香港本地居民主要為廣東土著和福建移民，以種植穀物、蔬果和打魚為生，稻米是他們的主食。由於此地區可耕地的缺乏和水利灌溉的落後，糧食經常不敷食用，海產成為他們的重要食物。在開埠前相當長的一個時期內，土居的香港人仍舊繼承著祖傳的生活方式，十九世紀初期「新界」流行著這樣的民謠：

「正月婦人二月蔗，三月螃蟹四月蝦。五月芒兜粽，六月豬肉爭鮮蝦。七月鴨

1　R. D. Creme：*City of Commerce and Culture*，Wing King Tong In Hong Kong，1987.

264

肥關，切片炒薑芽。八月中秋到，月餅送名茶。九月重陽節，登高掃墓插茱花。十月小春到，新鮮糯米舂餈粑。十一月來冬又到，風乾臘肉炒蘭花。十二月來亂如麻，預備糖糕謝灶爺。多謝神靈常庇佑，一家歡樂笑哈哈。」

這是說，正月女人比較悠閒，可以修飾打扮自己。二月甘蔗味道最甜美，其他各句則大致講的是普通百姓每個月的特色食品。那時農戶家裡的副食一般是鹹魚青菜，吃鮮魚也多半是小魚，豬肉則是稀罕食物。因此，鄉村人又流傳一句話：「年時到節，節食到年。」意思是新年吃過一頓豬肉後，要等到下一個新年才能有下一頓豬肉吃。

英國人占領香港後，香港社會的飲食結構發生了很大改變。

❶·嗜食海鮮，餐桌搭配有「規矩」

香港瀕臨南海，漁業發達，香港人又多為廣東籍，嗜食海鮮。香港海鮮酒家眾多，甚至有些並非專營海鮮的茶樓食肆，也會在門前擺設幾個膠盒魚盆，蓄養蝦蟹貝類在其中，借此以廣招徠。海鮮水產和飲食行業關係密切，海鮮成為香港人最為青睞的佳餚。隨著社會經濟的發展，吃海鮮已經大眾化，並形成了一套自己的飲食文化規則。例如，桌子上都有骨碟，這是用來盛載蝦殼和魚骨的。再如，上菜有一條不變的規律：第一道上單的菜式多為白灼蝦，最後一道菜則一般是螃蟹。此外，除了傳統的芥辣和椒醬外，每一種海鮮菜式都有固定搭配的醬料供作蘸取之用。如「香煎金蠔」，蘸料就要用砂糖和糖漿；「龍蝦刺身」用日本芥辣；螺片、螺盞或蝦球，是用蝦醬；「東風螺」則用海鮮醬；而「酥炸生蠔」則一定要用淮鹽與噲（jié）汁；「炒魚球」更不能欠缺蠔油。這些醬料的搭配，近乎是不成文的規定，半點來不得含糊。如蒸蟹的蘸料，是要用浙醋，並要加進幾條薑絲，還要再澆幾滴麻油，口感微酸中帶有香味，這才是一道正宗的，合規矩的醬料。

❷·粵菜潮菜為主，茶樓酒樓兩旺

香港居民以廣東籍為主，所以粵菜在香港飲食中居於非常重要的位置，這其中又以廣州菜為代表。受廣府飲食影響，香港城市居民喜歡去茶樓「飲茶」，而這成

◀圖6-1　始建於1939年的廣州酒家，素有
「食在廣州第一家」之美譽

為香港飲食文化的精華之一。自開埠以來，香港茶樓就經久不衰。像廣州等地一樣，居民飲茶並不只是喝茶，而是包括吃點心、吃飯。最平常的是一盅茶、兩樣點心，叫作「一盅兩件」。去茶樓吃飯比去酒樓吃飯花錢少，比較經濟實惠。茶樓傳統的點心有：蝦餃、鳳爪、粉果、燒賣等。這些點心的製作一般採用煎、炸、蒸、焗、炒、煮、涼拌等烹飪技術。至二十世紀，香港已是茶樓林立，競爭非常激烈，很多茶樓都注重採取各種方法來吸引食客，「或則四時換點以新口味，或則每餐笙歌以樂嘉賓」，而在一九二四年十二月開張的高昇茶樓，全座五層，環境幽雅，裝飾精美，餅師聘自蘇滬等地，更是為全港「空前未有絕大特色之茶樓」，呈現出一片繁榮景象。[1]

在茶樓發展的同時，各式酒樓也不斷湧現，從一九〇六年到一九三〇年的二十多年間，一大批酒樓陸續建成，如香港中華酒店、康樂酒店、品芳酒樓、香江酒樓、香港上海酒店、樂賢酒店、頤和酒家有限公司、隨園酒家、上海酒家、皇后大酒店、九龍半島酒店、樂陶陶酒家等。到二十世紀三〇年代，香港酒樓又有著名的大三元、大同酒家、新亞酒家、廣州酒家、亞洲酒店、文園、西園、南園等，這些酒樓多是沿承了廣州之名號招牌來經營。據當時統計，香港酒樓茶室共有大小店鋪

1　《高昇茶樓開張廣告》，《香港華字日報》，1924年12月20日。

500家，年營業額達2500萬元（其中酒樓占五分之三）。[1]

香港的潮州籍人數不少，潮州菜館在港有一定的地位，香港人嗜海鮮，這也是潮州飲食風俗的一大影響。第二次世界大戰前，香港的潮州菜館不過數家，戰後的幾十年，其數量有了明顯的增加，成為僅次於粵菜的風味。潮州人在港經營糕餅鋪也有悠久歷史。清朝末年，潮安人陳開泰在香港以搭棚柵賣涼茶起家，後改為專賣優質糕餅的「宜珍齋」，拳頭產品為「老婆餅」，此餅的獨特味道使「宜珍齋」成為香港著名的糕餅鋪。

❸ · 西餐興起，中餐借鑑

英人占據香港後，大批英法美等外國人來至香港。為適應他們的需要，西餐館逐漸在香港興起。西餐館以幽靜的環境、整潔的餐廳、高雅的格調、一流的服務、精緻的美食而吸引顧客，使國人大開眼界，為香港的飲食文化帶來一股清新之風，從而也贏得了很多富貴國人的青睞。

西菜烹飪變化萬千，除常見的扒類菜式外，湯羹、沙律、粉麵、甜品及糕餅也各有特色的。西菜注重物料的原汁原味，也比較倚重調料及味汁。像「紅酒煎鮑魚」，就要用到牛油食鹽、胡椒粉、麵粉、蒜、蔥、它拉根香草、紅辣椒粉、紅

▶圖6-2　民國時期的西餐奶壺、茶壺、茶杯

1　《工商業概況》，《香港華僑工商業年鑑》，香港，1939年。

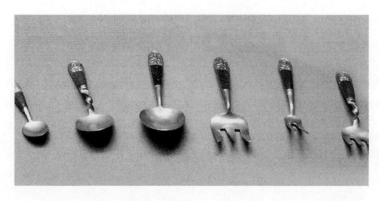

酒、醋，以及鮮忌廉等十餘種調料。在港西餐店有名的西菜還有很多，海鮮系列如芝士焗生蠔、豉汁煎三文魚、白汁鮮魚卷、蒜茸焗大蝦；家禽系列有咖喱雞、紅酒燴雞、法式芥香鵝、蜜桃鴨、香滑燒乳鴿；牛肉系列有燒西冷牛肉、杏香漢堡牛扒、紅酒燴牛尾、蒜茸牛仔骨等。

　　開埠初期，香港並沒有華人開設的專門西餐館。當時只有一些高級的中國酒樓設了幾間西餐間，聘請會做西餐的廚師做西餐，供英法等歐洲人享用。而西人經營的餐館，則只招待西人，華人不得入內。直到一九〇五年二月，香港才有了第一間華人開設的西餐館——港島的鹿角酒店內的西餐廳，它的價格非常昂貴，一頓大餐的費用相當於100個工人一個月的伙食費。不久，又有了一家大眾化的華人西餐廳開業，那就是「華樂園餐室」。以後，隨香港經濟的繁榮和港人生活的富裕，堂而皇之去西餐店享受美食，已成為普通老百姓的正常消費，不再是富貴人家的獨享。

　　香港廚師善於吸收與敢於創新，他們一方面保留了中餐的傳統特色，例如菜名注重吉利，如龍鳳呈祥、佛光普度、金雞報喜、大展鴻圖等，一看就讓人心生好感，垂涎不已。另一方面，他們努力吸納西餐之長，為己所用，遂形成了一批具有中西融匯特色的飲食，創製出了新的中國名菜，如「西法鴨肝」「西法雞」「西法大蝦」「紙包雞」「華洋里脊」「鐵扒牛肉」「羊肉扒」、「炸麵包盒」等菜餚，這是當時曠古未聞的中國菜。點心則有鴛鴦千層糕，糯米粉團等。

　　這一時期，西餐技術逐漸為在港華人所掌握。起初，西洋菜餚、糕點、酒類等

▶圖6-4　民國時期從西方進口的絞肉機

只在有外國人的地方製作，也僅限於外國人享用。到了清朝光緒年間，開始出現了由中國人自己開設的以盈利為目的的「番菜館」以及「咖啡廳」「麵包房」等，經營西洋菜、咖啡、麵包等西方飲食。並出現了中西風味兼具的飲食店。光緒末年，不少香港中國食品店已經增設了西餐，成為中西餐皆備的「時髦飲食店」。於是香港飲食市場的傳統格局被打破了，西方飲食成為香港飲食市場的一個有機部分。

這一時期，香港華人的飲食觀念也逐漸發生了變化，早餐喝牛奶、咖啡，麵包塗果醬或黃油者不足為奇，過生日買西式冰點、點蠟燭慶賀者也開始流行。

最令人矚目的是中餐館服務方式的變化。他們吸收了西式餐廳的服務方式，如長條餐桌的設置，餐巾的使用，分食制的採用，金屬圓托盤的使用，菜單的使用，服務員用筆紙上桌開票等，使中餐服務更加完善。但中餐服務中的優良傳統不丟：客人入座獻茶後，精通業務的店夥計請客人點菜，菜名由店夥計報給客人，一經客人點定，傳至廚房立即製作供應；菜餚熟後，店夥計左手叉三碗，右臂自手至肩馱疊幾碗，散下盡合各人呼索，不容差誤。在這些餐館中，中西服務各顯所長，相得益彰。

三、福州、廈門、汕頭三大城市的飲食特色

福州簡稱「榕」，位於閩江入海口，是閩江流域經濟腹地的貿易集散中心。晚

清開埠後，福州作為對外通商的五大口岸中的第二大口岸，成為東南商賈雲集的重要商埠。

廈門面海環山，地勢險要，港口優良，與金門島互為犄角。明中期以來，廈門成為當時眾多私人海上貿易的地點之一。鴉片戰後，作為五大通商口岸之一，廈門的經濟發展進入一個更盛時期。

汕頭位於潮汕平原的南端，居韓江、榕江、練江三江匯合之處，自然環境優越，然乾嘉以前並無汕頭之名。同治三年（西元1864年），汕頭設立海關。隨內外貿易的發展和商業的繁榮，汕頭市逐步發展成為潮梅、贛南和閩西的貨物集散地、粵東的門戶和華南的第二大商港，並最終取代潮州府城而成為潮汕商業中心。

作為東南沿海的海港城市，兼又同屬於閩文化圈，清末民國時期的福州、廈門和汕頭三大城市在飲食文化方面有著很多相同之處，形成了具有鮮明地方特色的城市飲食文化。

❶ · 酒樓茶館眾多，嗜好飲茶

清末時期的福州菜早已具有鮮明的地方特色，作為閩菜的代表菜，其以選料精細、操作嚴謹、調味清鮮、色澤美觀而著稱，烹調上擅長炒、溜、燉、蒸、煨，口味上偏重甜、淡、酸，重視湯水，一代又一代福州廚師孕育出了許多名牌菜餚和各式特色的風味小吃。近代以來，福州的飲食行業有了進一步發展，產生了很多有名的飲食店，糕餅店有「觀我頤」「萬隆」「老寶和」等；小吃店有「永和正宗魚丸店」「龍嶺王炒粉店」等；酒樓有「聚春園」「福聚樓」「聚英樓」等。這些飲食店以其特色的拿手招牌菜而經久不衰，至今仍是福州著名的老字號。「聚春園」始創於清同治四年（西元1865年），是福州現存歷史最長的老字號菜館。「觀我頤」糕餅店名氣最大，生產的豬油糕是遠近聞名的名牌貨，具有油量足、口感清甜的特點。

隨著廈門的興起，民國時期的廈門菜逐漸形成了自己的特色，成為閩菜的重要組成部分。廈門菜的烹調方法以蒸、炒、煎、爆、炸、燜為主，口味偏重清、鮮、

淡、脆，兼帶有微辣，擅長海鮮、素菜的烹製，重視仿古藥膳，盛行風味小吃，比較著名的有榜舍龜、炸五香、炒麵線、芋包等。

汕頭市作為新興的通商口岸，清末民國時期這裡是國內外商賈雲集，市場繁榮，酒樓菜館林立，名師輩出，名菜紛呈，潮菜進入了一個飛躍發展的時代。在二十世紀三〇年代初，汕頭市就有「擎天酒樓」「陶芳酒樓」「中央酒樓」等頗具規模的高檔酒樓。

福州人、廈門人講究品茶，其中不少人嗜茶成癮，「有其癖者不能自已，甚有士子終歲課讀，所入不足以供茶費」[1]，可見飲茶風氣之濃。受閩南文化的影響，汕頭人同樣好茶，尤喜飲功夫茶。飲茶風氣的盛行使清末民國的福州、廈門和汕頭三市興起了眾多的茶館。像廣州人上茶樓一樣，當時的人們喜歡上茶館談生意、聊家常等，在祥和溫馨的飲茶氣氛中度過。至今走進這三市，最常見最普遍的建築仍是各式各樣的休閒茶館。

❷ · 喜好海鮮，重視食補

福州、廈門、汕頭地區東南靠海，盛產魚、蝦，其中尤以廈門為著。廈門海鮮種類繁多、品質優良，製作出來的海味菜餚肉質爽滑，鮮美可口，較有名的海鮮菜有松子明蝦、吉利蝦、黃魚翅、蓮環鮑魚、碎皮明蝦球、沙拉香麻鰻、香酥魚排、鷺島松子魚等。廈門海鮮的盛名催生了許多海鮮名餐館，如「好清香」「吳再添」「黃則和」等。

廈門人重視食補，仿古藥膳別有特色。宋元時期福建人就已經重視藥食同源，認識到藥膳的作用。民國時期，在繼承傳統藥膳技藝的基礎上，廈門藥膳形成自己的特色。廈門藥膳最大的特色就是以海鮮製作藥膳，利用本地特殊的自然條件、根據時令的變化烹製出色、香、味、形俱全的食補佳餚。一是精心選料，突出其海鮮藥膳的特色，像臺灣風味的「薑母」即是仿古藥膳的代表之一（薑母即老薑，可治

1　周凱：《廈門志》卷一五《風俗志》，玉屏書院刊本，1839年。

療外感風寒及胃寒嘔逆等症），當時臺灣種植的薑母廣受廈門百姓的青睞，在冬天常和中藥一起放入海鮮之中用以滋補。二是做工精細，外觀獨特，帶給人視覺和味覺雙重的享受；三是藥膳雖以中藥為主料，而成品卻清香自然，味美可口，手法令人稱奇；四是藥膳的食譜隨著節令變化而做相應變更，有效發揮食補順應四時的調理作用，如「枸杞碎龍蝦」等。

❸ · 崇尚飲食新潮，追慕西方飲食

清末民國時期，隨著中西交往的增多，隨即產生了一系列變化，穿西服、吃西餐、住洋房等西方生活習慣和觀念大量湧入東南沿海城市，和當地的傳統習俗互相碰撞、融合，形成富有現代元素的風俗，影響著城市市民的心態和生活觀念，這自然也包含了人民的飲食文化。這一時期，麵包、蛋糕等西方食物的傳入和盛行，改變了三市民眾以往單一食用大米的習慣。糖、海帶、海菜、海蜇、鹹魚乾、干貝、胡椒、糖塊等一些食品工業產品的進口，開闊了人們的眼界，方便了人們的消費。香菸和洋酒也為追求時髦的人們所喜愛。

❹ · 現代食品加工企業的出現

近代東南由於眾多華僑的投資，而使一些現代食品加工企業得以發展，如罐頭食品業即呈現出欣欣向榮景象。廈門於光緒年間就成立的一家名叫「瑞記棧」的罐頭廠，與一九〇八年從吉隆坡回國的華僑楊格創辦的另一家罐頭廠「廈門淘化公司」，於一九二七年合併為淘化大同罐頭食品有限公司，成為抗戰前廈門最大的近代工業企業之一。[1]

四、基隆、高雄，閩粵風格氣象新

基隆位於臺灣島的東北端，面臨東海，扼北部之門戶，譽稱臺灣北大門，是

福建居民最早移民拓台的地方之一，也是臺灣第二大港口城市。基隆港港口外窄內寬，形似雞籠，故舊稱「雞籠」。至道光二十（西元1840年）年，雞籠還是一個擁有700餘戶的漁村。鴉片戰爭後，雞籠地位凸顯重要，因其港口優良，且附近產煤，遂為各國所垂涎。咸豐十年（西元1860年），雞籠正式開闢為商埠，雞籠港亦成為淡水的副港。光緒元年（西元1875年），取基地隆昌之義，改「雞籠」為「基隆」。基隆是臺灣最早發展起來的工業城市，也是臺灣重要漁港之一，也是著名的海港旅遊城市。由於商業貿易繁盛，人口眾多，基隆於民國十三年（西元1924年）十二月設市，時年人口為58524人。

高雄位於臺灣西南端，西南部靠海。高雄港為南部第一大港，與基隆港南北並重。高雄原名「打狗」，亦稱「打鼓」，為山地同胞平埔族所居住。高雄附近魚產豐富，漁民在大陸和「打狗」間來往頻繁，從事漁業和商業，使高雄有了初步發展。自咸豐年間起美英陸續涉足高雄，此後外商來此漸多，商務日盛。光緒三十四年（西元1908年），高雄開始築港。民國五年（1916年），高雄港成為臺灣南部對外貿易的樞紐。一九二〇年高雄港的貿易額占全省貿易額的49.31%。其後高雄港和高雄市相輔相成，相得益彰，成為臺灣的重要城鎮和國際港口。

❶·尚簡樸重節日，繼承閩粵飲食習俗

基隆居民主食皆用米飯，每日三餐以米飯和粥為生，貧苦人家常以甘藷或蕃薯摻雜煮稀粥而食。歲時節日，多炒米粉、粿等，亦食米丸，以取團圓之意。基隆居民過年非常看重做年糕，每年臘月二十四至二十六日，家家忙著蒸年糕，以在新春招待親朋好友。年糕主要有四種：甜粿、發粿、包仔粿、菜頭粿。「甜粿」是用糯米水磨後摻拌紅砂糖，放入蒸籠蒸熟而成，色赤黑，味香甜，意味生活甜蜜；「發粿」是把米水磨後，摻拌砂糖及酵素，蒸時發大高厚，取發財及大吉祥之意；「包仔粿」是用肉為餡，色黃似金，取積金之意；「菜頭粿」，即菜頭年糕，用白蘿蔔切成細長絲狀，拌入糯米漿內做成，意味吉祥綿長。高雄居民素尚儉樸，日常主食除米飯、粥外，還常常用蕃薯拌細米煮吃。本地不產小麥，多向大陸購買以製餅作

麵。歲時節日，還多用麵粉製成紅龜狀，以象徵吉祥。

基隆、高雄氣候濕熱，居家烹製的食物大多清淡，日本人占領臺灣期間開始使用味素。佐食的魚肉蔬菜與大陸沒有什麼差別，平時以豬肉為主，歲時節慶多用雞鴨。菜餚烹飪多沿用閩南、粵東之俗，所用油膩不多，以清淡著稱。

❷·小吃豐富多樣

隨基隆經濟的發展、商業的繁榮和人口的增多，街頭巷尾出現了很多食物攤擔，沿街叫賣，種類齊全。有飯有粥，鹵燒類、麵食類、粿粽類、煎炸炒類、湯漿類、水果類、蜜餞類、糕餅類、糖果類、冷飲冷食類……甜鹹食物，幾無不備，成為基隆一景。有的小吃後來發展成為遠近聞名的名吃，像基隆的「邢記鼎邊銼」，原是福州的傳統米食，店主於一九三七年遷臺至基隆後，看著基隆路邊小吃興起引發其靈感，遂將家鄉福州的小吃「鼎邊銼」配上基隆特有的海鮮，獨創出的香醇好吃的風味小吃。

小吃的盛名，人氣的聚集，人口的增加，使路邊密集的小吃售賣聚合成為城市有名的食市。

❸·喜食海鮮，融合日本食俗

基隆、高雄臨海，水產為多，市場中魚蝦品種眾多，味道鮮美，居民日常用餐多離不開海鮮。日常食用的淡水魚為鰱魚、鱸魚等，海水魚則以烏魚、旗魚、馬甲、赤魚等較為普遍，且有將魚製作成魚丸者。日本人統治時期，日人喜嗜生魚片及豆瓣醬湯，這種習俗傳播到當地，頗受當地市民喜愛，基隆各條街道也出現了不少專賣生魚片的食攤及飲食店。這一時期，受西方文明的薰陶，西餐開始在這裡出現，但並沒有占據主流，不甚普遍。

❹·茶酒之風濃厚，飲料、鮮果眾多

1　鼎邊銼是由閩南話直譯成普通話而來的，閩南話稱鍋為「鼎」，爬為「銼」。其製作是用米磨成米漿，沿著大鍋鼎邊滾下，米漿滑滾的動作叫「銼」。

臺灣產茶，基隆市民嗜好飲茶，茶攤遍及各處集市。茶攤又叫「老人茶」，大多座無虛席。高雄市民飲茶之風亦盛，茶品眾多，平日以「鐵觀音」為主；而每至新年等喜慶節日，則多用特製甜茶，有荔枝茶、龍眼茶、烏棗茶、紅棗茶等，寓意生活甜蜜吉祥。臺灣民間還普遍流行以茶待客的習俗，日常有客來訪，首先請客喝茶。在婚嫁喜事中亦常用茶作為儀式的重要部分。初到夫家時，新娘端茶見客；鬧新房時，新娘亦端茶見客，稱「食新娘茶」。

高雄人多好酒，酒類品種不少，多為自行釀造，有李子酒、葡萄酒、米酒之類，外來酒有五加皮酒、紹興酒等。祀神宴客時多用老酒。老酒是用糯穀釀造，味甘而醇，陳年老酒尤佳。鄉間也有用地瓜作酒，俗稱地瓜酒。日據時期，紅露酒、福壽酒、米酒流行一時。[1]

高雄地處臺灣南端，緯度較低，氣候炎熱。民國時期，國外一些冷飲製品傳進高雄。夏秋時節，街頭隨處可見各種冰棒、冰淇淋、鉋冰、冰磚以及鳳梨檸檬、仙草、杏仁等冰製品。基隆供消暑的飲料也非常之多，有汽水、青草藥茶、地骨露、愛玉冰、冬瓜茶、蜂蜜冰等。

基隆、高雄四季皆有鮮果，其中香蕉、鳳梨、西瓜、甘蔗、芒果、木瓜、柑橘、番石榴、柚、桃、李最為繁盛，由此帶來了水果罐頭製品業的發展。由於中南部來基隆謀生的人日漸增多，即將家鄉嗜好嚼檳榔的習俗也帶入了基隆，於是街頭出現攏製檳榔的諸多小攤。

第二節　食在廣州

有句民謠：「生在蘇州，玩在杭州，食在廣州。」這句民謠，道出了廣州食品之美。千百年來廣州以其精美細膩的烹飪、流光溢彩的美食和清淡爽口的小吃而享譽

1　民國《高雄市志·風俗篇》，《中國方志叢書》，成文出版社，1967年。

海內外。早在唐宋時期廣州飲食已天下有名，明清時期有了進一步發展，到了民國時期「食在廣州」已在國人中流傳。

一、「食在廣州」民諺的形成

廣州是一座有著悠久歷史的文明古城，很早以來即成為華南的政治、經濟、文化中心。明清時期，南北經濟交往更加頻繁，人員流動增多，城鄉商業更加繁榮，「城南濠畔」成為廣州的商業中心、消費中心。濠上畫船相連，濠畔建築華麗，酒樓妓館眾多，商鋪會館雲集，一時成為富商子弟紙醉金迷之地。廣州經濟的繁榮吸引了各地名廚的到來，如廣州著名菜館「南陽堂」的鄧大廚師，原本即為京城布政司的專業廚師。

乾隆以後，清政府實行海禁，廣州成為我國唯一對外開放的港口，全國對外貿易商品都要通過廣州出口到國外。作為商品集散地，廣州輻射範圍延伸至華東、華北、西南、西北各地。在獨領風騷的80多年中，廣州外貿經濟發展迅速，繁華程度遠超昔日，城市人口空前膨脹，至鴉片戰爭（西元1840年）前夕人口已達100萬以上。當時的廣州聚集了來自全國各地的商賈，適應這些人的需要，全國各大菜式紛紛落戶廣州，而十三行富商的興起又對廣州的飲食行業起了推動的作用。十三行商人靠壟斷對外貿易，短時間集聚了巨額錢財，這部分人揮霍無度，食不厭精，講究排場，使得廣州飲食市場異常興旺。

鴉片戰爭後，廣州雖失去了專營外貿的地位，但作為中國最早的對外通商口岸之一，它的實力仍不減當年，「廣貨」聞名中外，廣州商人仍活躍於全國和世界各地。隨著與各國經濟文化的頻繁交流，廣州飲食文化獲得了長足的發展。在吸取了西方菜餚的烹飪精華中，粵菜不斷豐滿。這一時期旅居海外的廣東華僑日益增多，他們在異地落地生根，稍有積蓄，便開辦唐人餐館，把粵菜帶到了海外；同時他們也把海外的飲食文化帶到廣州，並在廣州開設具有外國風情的飲食店。另外，隨著在廣州的洋人增多，廣州的西餐店也逐漸多了起來，進一步推動了廣州飲食行業的

繁榮。

隨著廣州商業貿易的繁盛，以及各地風味的餐飲店在廣州的開設，清末廣州飲食行業有了巨大發展。清光緒年間（西元1875-1908年）南海人鬍子晉有首《廣州竹枝詞》寫道：「由來好食廣州稱，菜式家家別樣矜，魚翅乾燒銀六十，人人休說貴聯升。」這首詞雖然沒有正式提出「食在廣州」這種稱呼，卻可以看出，此時廣州的飲食業已相當繁榮。至民國時期，「食在廣州」這一說法已在國人間廣泛流傳。民國十四年（1925年）六月四日《民國廣州日報》登載的一篇《食話》文章，開門見山地寫道：「食在廣州一語，幾無人不知之，久已成為俗諺。」既然是「久已」之事，那當是此前的很長時間，否則也不會無人不知，更不會成為俗諺。

二、「食在廣州」的飲食特徵

清末民國廣州贏得「食在廣州」的美譽，並非浪得虛名。當時，不管本地人還是外地客人，只要在廣州，就會切切實實感受到廣州的「食」業興旺，這裡的茶樓酒家星羅棋佈，各式佳餚異彩紛呈，餐飲人員眾多，要想找到自己喜歡吃的或沒吃過的非常容易。縱觀「食在廣州」，體現出如下的飲食特色：

❶・廣攬天下美食，幾盡有之

「計天下所有之食貨，東粵幾盡有之；東粵所有食貨，天下未必盡有之也。」[1]清中期以來的廣州，國內外貿易繁榮，商賈雲集，物資極其豐富，食品眾多。光緒年間（西元1875-1908年），廣州有「七十二行」之稱，其中屬於食品行業就有酒米行、屠牛行、西豬行、菜欄行、白糖行、醬料行、海味行、南北行、酒行、煙葉行等。當時廣府菜、潮州菜、客家菜遍布全市，從老火靚湯、燒鵝、早茶、點心到宵夜、生猛海鮮，無所不有；同時各地美食傳入，除粵菜外，幾乎全國各地的食品皆

1　屈大均：《廣東新語》卷十五《貨語》，中華書局，1985年。

可在廣州品嚐，而不少食品卻為各地所罕見，瀟湘名吃、四川小吃、金陵名菜、姑蘇風味、揚州小炒、京津包點、山西麵食等應有盡有。

廣州飲食網點則主要分布在惠愛路（今中山五路）、漢民路（今北京路）、長堤、西濠二馬路、西關上下九路、陳塘、珠江南岸的漱珠橋和洪德路一帶，其中漱珠橋畔是吃海鮮的最佳之地，西關則被稱為「肉林酒海」之所。據當時在廣州珠江南岸設館授徒的長樂（今五華）人溫訓在西元一八二二年目睹西關大火而寫成的《記西關火》一文中描述：「西關尤財貨之地，肉林酒海，無寒暑無晝夜。一旦而燼，可衰也者。粵人不惕，數月而復之，奢甚於昔。」由此可見西關當時飲食之興旺。

至民國時期，飲食業進一步發展，食肆林立，網點眾多，分布合理，分工細緻，供應方便。那時期的廣州食肆包括茶樓、茶室、酒家、飯店、包辦館、晏店、北方館、西餐館、酒吧、小吃店、甜品、涼茶、冰室等，小吃店又有粉粥麵店、糕餅店、雲吞麵店、油器白粥店、粥品專門店等，此外，還有日夜沿街叫賣雲吞麵、豬腸粉、糯米雞、鬆糕、三鳥腳翼等的肩挑小販。專門經營北方風味的北方飯店在廣州也逐漸有了市場。當時一些外省官員在廣州為了聚會需要，集資開設具有北方風味的飯店，聘請北方廚師。最開始有貴聯升、南陽堂、一品升等，後有經營湘菜的半齋、福來居，經營姑蘇食品的越香村和聚豐園菜館等。經營西餐的餐廳也逐漸增多，除太平館外，還有「華盛頓」「哥倫布」「美利權」、亞洲酒店西餐廳、東亞酒店西餐廳、新亞酒店西餐廳、愛群酒店西餐廳，等等。可以說，此時的廣州是南北風味並舉，中西名吃俱陳，高中低檔皆備，令人目不暇接。粵系軍閥陳濟棠治粵時期，廣州飲食業尤其興旺，當時較大的飲食店竟達200家以上。

這一切讓來到廣州的外地人既可以找到適合自己口味的家鄉飲食店，又可以品嚐到全世界不同風格的佳餚；同時，又因廣州市肆經營的品種各具特色，營業時間、供應方式和服務對象各有不同，顧客可選擇的範圍較大，不用擔心找不著適合自己吃的食物。

❷·烹技紛繁，各家招牌菜競美

▶圖6-5　建於1889年的「蓮香樓」，攝於20世紀
　　　　30年代

　　面對競爭日益激烈的廣州飲食行業，店家非常注重本店菜點的數目，力求讓顧客有更多的選擇。在長期的發展過程中，以廣州為代表的廣府菜吸取中西飲食文化之長，融會貫通，自成一格。其烹調方法善變多樣，據統計，民國時期廣州粵菜烹調方法多達20餘種，諸如煎、炸、炒、蒸、燴、焗、煲、扣、扒、燜、灼、浸、燒、汆、滷、泡、熬、烤等法，一應俱全。根據各種用料、刀工乃至口味的不同，採取不同的烹製法，而在各種烹飪方法中又有具體不同的派生技法，如「煎」就有乾煎、濕煎、蛋煎、軟煎、煎封、煎釀和半煎炸等七種煎法。有了這些紛繁複雜的烹飪方法，粵菜的菜餚自然味道鮮美、數量眾多。

　　不僅如此，店家還非常注重改進和提高烹調技藝，且努力創就自家的「招牌菜」來吸引顧客。作為本土餐飲店，粵菜更加注重自己的「招牌」菜，據專家統計，民國初年廣州的招牌名菜主要有：

　　貴聯升的滿漢全席、香糟鱸魚球、乾燒魚翅；聚豐園的醉蟹；南陽堂的什錦拼盤、一品鍋；品容升的芝麻雞、玉波樓的半齋炸鍋巴；福來居的酥鯽魚；萬棧的掛爐鴨；文園的江南百花雞；南園的紅燒鮑片；西園的鼎湖上素；大三元的紅燒大裙翅；蛇王滿的龍虎燴；六國的太爺雞；愉園的玻璃蝦仁；旺記的燒乳豬；新來遠的

魚雲羹；金陵的片皮鴨；冠珍的清湯魚肚；陶陶居的炒蟹；陸羽居的化皮乳豬、白玉豬手；寧昌的鹽焗雞；利口福的清蒸海鮮；太平館的紅燒乳鴿等。[1]

「白雲豬手」是粵菜的名牌菜之一，也是老少皆宜的家常菜，廣州幾乎每家酒樓都設有這道菜。此菜相傳是白雲山下的一個小和尚偶然創立的，因用白雲山泉水泡過的豬手不肥不膩又爽又甜而得名，後傳至民間，人們爭相如法炮製而盛傳開來。

「白焯螺片」則是廣味海鮮的代表菜。民國初年《廣州民國日報‧食話》贊曰：「海鮮之中，響螺亦著名者也」，「細切作花形，調味滲透，又雜以醬瓜之類，食時略蘸蠔油，蝦醬，不失其真味」。粵菜製作白焯螺片，一般選重1500克以上的大海螺，破殼取肉，去掉臟、腸，清洗乾淨，取螺肉中心部分切成圓形薄片，先焯後炒，吃時佐以蝦醬、蠔油，肉質爽軟，味道鮮香。

「龍虎燴」又稱「龍虎鬥」，是清末民國「蛇王滿」餐館中的一道招牌名菜，以毒蛇為原料，用眼鏡蛇、金環蛇和眼鏡王蛇（俗稱三蛇），配以老貓燴製而成，味道特別，滋補健身。據說是廣東美食家江孔殷在同治年間為慶祝自己七十大壽獨創出來的，用蛇和貓加工成肉絲，用薑、蔥、鹽和酒煨熟，再把冬菇絲、木耳絲、陳皮、蛇湯及蛇、貓肉絲等放在一起燴製而成。在大壽當天，親友品嚐後覺得妙不可言大為讚賞。從此流傳開來。因主料是蛇和貓，故被江孔殷命名為「龍虎鬥」。後人又將雞肉摻雜，味道更佳，故又稱「龍虎鳳」。蛇王滿餐館在此基礎上，再配上菊花，人們吃蛇肴時還能嘗到菊花清香，頓覺十分舒暢，「菊花龍虎鳳」由此成名。

「無雞不成宴」，廣州的酒樓宴客，一般都有「雞」的菜式，所以雞的款式很多，許多酒樓都有自己的招牌雞饌，這其中又以廣州酒家的文昌雞較為有名。這款雞造型獨特，味道清淡鮮美，在一九三六年由廚師梁瑞創製，一經推出，便獲得食客的青睞。因菜餚主料為文昌雞，再加上廣州酒家又地處文昌路口，故取名為「文昌雞」。現在，「文昌雞」仍為廣州酒家的一道名牌菜。此外，廣州的「白切雞」同

1　陳基等主編：《食在廣州史話》，廣東人民出版社，1990年。

樣有名，它是以清遠未生蛋的肥嫩母雞為原料烹製而成，食用時用熟油、薑、蔥、鹽作作料，「骨軟肉嫩滑，鮮美，原汁原味」。

眾多的美食讓「食在廣州」盛名遠颺，有些廣東菜只有廣州才有，像「龍虎鬥」「龍虎鳳」等，其他地區罕見，因此不少外商到廣州也要特意品嚐廣東的特色之食。

❸‧餐飲環境高雅，開先使用女工

清末民國時期廣州比較高檔的茶樓酒店，大多裝修中式古典，佈置格調高雅，極具民族風情；同時注意保持乾淨整潔的飲食環境，讓人在享受美食的同時又帶來視覺的享受。廣州人喜歡喝茶，茶樓特多。當時廣州的茶樓建築一般有三層。第一層最高，有的甚至高達7米，給人以宏大寬敞之感，同時便於懸掛宣傳招牌；二三層是客座，樓層一般達5米，廣開窗戶，空氣流通。茶樓裝飾設計以古代裝飾為主，間隔採用滿洲窗，人物山水圖或彩色玻璃圖，有的寫上唐詩宋詞或治家名言，有的畫上二十四孝、桃園結義等圖案，同時注意邀請名人題詞。像廣州百年老字號「蓮香樓」的招牌，係由清末舉人陳如岳手書，字體厚重穩健，製作簡潔莊嚴。

為了吸引顧客，廣州的茶樓酒店可謂是「八仙過海，各顯其通」。茶樓經營的好壞，無非是這麼幾條：乾淨清雅的環境；醇厚味香的茶水；熱情周到的服務；價

▶圖6-6　20世紀40年代的「蓮香樓」

廉物美的點心。地處廣州市鬧區中山五路的百年老店「惠如樓」，其經營之道頗有特色。為滿足不同顧客對茶的要求，店裡專門備了乾爽清潔的房間來儲備龍井、水仙、烏龍、普洱、六安等名茶，貨真價實，絕不以次充好；注重水質和水沸，沒有沸騰之水絕不拿來泡茶；每層樓設有茶爐，以保證開水溫度；堅持「問位點茶，每客一壺」的傳統服務做法；記住常來老茶客的愛好品位，常喝之茶未說已到。這些經營作風加上精美又有特色的點心，使惠如樓在眾多的茶樓酒店中名聲鵲起，正如惠如樓的門聯所言「惠己惠人素持公道，如親如故長暖客情」，自然食客絡繹不絕。

尤其值得注意的是，民國時期的廣州酒樓茶室開始僱請女服務員來吸引客人。大約在一九二五至一九二六年，廣州第一家聘請女招待的茶室——「平權女子茶室」在永漢路高第街開設，一九二七年「平等女子茶室」在十八鋪創設。兩家茶室使用「平權」「平等」一詞，是為爭取男女平等、婦女解放之意，反映了當時婦女的願望和要求，但由於遭到酒樓茶室工會的干預而無法營業，再加上當時的市民還未適應這種習俗而相繼停業，但其開創了中國使用女侍之先例。之後，廣州酒樓開始僱請年輕貌美的少女做招待來吸引食客。南海人胡子晉有詩描述當時女招待受人歡迎的場景：「當壚古豔卓文君，侑酒人來客易醺。女性溫存招待好，春風口角白圍裙。」[1]為了招攬更多的食客，不少酒樓大打「女侍招待，服務周到」之類的宣傳廣告。當時的六國大飯店曾在報紙連續刊登「女侍皇后莫傾城小姐恭候光臨」之類頗具誘惑性的廣告，在店門前則高掛莫傾城小姐的牌匾，一時門庭若市。粵系軍閥陳濟棠主政廣東時期，廣州大小酒家基本上都聘請了女招待，從此女工成了酒店的主要服務人員，並逐漸成為了賭場、煙館和大茶樓的主要招待。

❹ · 注重季節飲食，盛行飲茶之風

無論家庭用餐還是茶樓酒肆，廣州人對飲食都十分重視和講究，以敢吃、能吃、善吃、會吃、巧吃聞名，且注重季節飲食。廣州人根據季節的變化，講究菜餚

1　胡子晉：《廣州竹枝詞》，轉引自鐘山、潘超、孫忠銓編：《廣東竹枝詞》，廣東高等教育出版社，2010年。

的不同保健功能。

　　春天，廣州氣候潮濕，時冷時熱，廣州人重視滋陰補腎祛濕之類的菜餚，餐桌上此類的佳餚就很多，如廣東獨有的「和味龍蝨」「燉禾蟲」「蛇羹」等，即有祛濕之功效，又因菜式鮮美而為食客喜愛。夏季，天氣炎熱乾燥，人們胃口較差，清熱解暑、開胃消食之類菜餚相繼被各大酒樓推出，如「八寶冬瓜盅」「清蒸海鮮」等成為廣州人的最愛。秋天，天氣轉涼，但廣州溫度仍較炎熱，清淡、鮮嫩的粵菜深受粵人喜愛，如「蠔油扒鮮菇」「生焯芥蘭」等，使人胃口大增。冬季，寒冷潮濕，廣州人講究食補，各式營養豐富、味道香濃的煲菜紛紛推出，狗肉煲、什錦煲、羊肉煲、香菇筍雞煲、砂鍋魚頭煲、黃鱔煲等煲燉名菜爭相上市，「龍虎燴」「燉甲魚」「燒乳鴿」、燒鴨燒鵝等各類滋補菜餚紛紛面市，讓人百食不厭。

　　廣州人好茶，人們早上相逢，互相都用「喝茶沒有？」來問候早安。工餘之際、上班之前、洽談生意、打探信息、招待親友、嘮嘮家常等，人們都喜歡上茶樓或茶居（低檔）飲茶。飲早茶是廣州人的一大特色。廣州人飲茶，又稱「嘆茶」，「嘆」是廣州俗語，即享受之意。農民、工人、商人、公務人員、自由職業者、達官貴人、肩挑小販等，都是茶樓和茶居的座上客。茶樓地方通爽，空氣清新，座位舒適，水沸茶好，點心精美，且花費不多。「一盅（茶）兩件（點心）」成了廣州人飲茶的代名詞。

　　❺·廣式點心，品種四千！

　　廣式點心品種繁多，主要可分為三大類：一為從古代流傳下來並有所發展的嶺南民間小吃，如米花、沙壅、炒米餅、膏環、薄脆、端午粽、重陽糕、荷葉飯、粉果以及椰子、芝麻、豆糖做的糍等；二為傳入廣東而相繼被改善創新的北方麵食點心，像薩其馬、灌湯包、千層餅、燒賣、餛飩、麵條、包子、饅頭等；三是從海外傳入廣東而被吸收改進的西方糕點，如麵包、蛋糕、奶油曲奇、馬拉糕等，它們最終發展成為具有嶺南風格的點心。二十世紀二、三〇年代，是廣式點心業發展的繁盛時期，品種發展到數百種，產生了號稱點心界「四大天王」的禤（xuān）東凌、

李應、區標和余大蘇點心大師，他們創就的名品點心——筍尖鮮蝦餃、甫魚乾蒸燒賣、蜜汁叉燒包、掰酥雞蛋撻等，流傳至今經久不衰。到二十世紀三〇年代，廣式點心已達到四千種以上。

「蝦餃」是廣東茶樓酒家的傳統美點，創始於二十世紀二〇年代廣州郊外靠近河湧的五鳳鄉。那裡盛產魚蝦，茶居師傅用鮮蝦配上豬肉、竹筍製成肉餡，外包較厚的米粉皮，蒸熟後味道鮮美，隨之很快流傳開來。後經點心師傅改進，成為茶樓名點。

「乾蒸燒賣」是茶樓酒家的必備之品，在二十世紀三〇年代已盛行廣東各地。其皮色蛋黃，蟹黃鮮豔，吃起來皮軟肉爽，香鮮可口。

「泮塘馬蹄糕」是廣東最普遍的糕點之一，又是廣州名牌點心之一，創製於清末年間的廣州西關泮塘鄉，二十世紀四〇年代，隨西關「泮溪酒家」的開設而聲名遠颺。

「粉果」是光緒年間廣州西關「上九記」小吃店店員娥姐發明製作的，故又稱「娥姐粉果」。其樣式玲瓏，形如橄核，搖之有聲，吃起來肉餡皮脆，味道鮮美，從而贏得老少的喜愛。粉果帶旺了「上九記」，也使娥姐被一茶樓老闆聘去主製粉果，成為其店名牌點心。後各茶樓爭相仿製，遂使粉果成為廣州非常普遍的傳統點心。

廣州製作點心的茶樓店鋪眾多，競爭激烈，為更好地招攬顧客，不少茶樓紛紛推出自己的點心特色，例如「星期美點」的出現又使廣州點心業為之一新。「星期美點」是二十世紀二〇年代末期由廣州「陸羽居茶樓」點心師傅郭興首創的，以一週為期，每週點心不少於十二種，每星期更換一次點心品種，每期點心形狀不同，稱呼必須由五字組成，且要注意色澤相搭配，從而大受顧客歡迎。後來「星期美點」成為廣州茶樓招徠食客的常用手法。

三、粵式酒樓名滿天下

鴉片戰爭後，廣州社會經濟發生了重要變化，中外貿易日益繁榮，工商業發展

迅速，在商業繁華地段的廣州酒樓業務不斷擴大，如商賈雲集的西濠街、富人居住的西關、碼頭集中的長堤、畫舫妓艇密佈的東堤、妓館林立的陳塘等地，酒樓數量不斷增多。同時，西方飲食浸潤日深，達官貴人、商賈大亨、新興富裕階層等不斷壯大，為適應他們的需要，酒樓的經營環境和風格也開始發生質的轉變，裝飾從簡陋轉向豪華，布局從單一簡樸轉向精緻典雅，規模從一層轉向多層，環境從喧鬧單調轉向清淨高雅，競爭可謂十分激烈。

民國是廣州酒樓發展的鼎盛時期，高中低檔俱全。以官僚買辦、富商巨賈為對象的高級酒樓非常旺盛，知名的酒家有一景、貴聯升、聚豐園、福來居、玉波樓、南陽堂、利口福、南園、文園、西園、大三元、愉園等，各有特色，互相競爭。如「一景酒家」以設備最貴而著稱，「貴聯升酒樓」以「滿漢全席」來吸引食客，「聚豐園」以「金華玉樹雞」為招牌，「南陽堂」以「一品窩」獨樹一幟。在陳塘興起以專營花酌（歌伎侑酒）為主的還有六大酒家——京華、流觴、宴春台、群樂、瑤天、永春；為適應厭倦城市喧囂而喜歡寧靜的客人，在郊區興起了具有嶺南鄉村情調的寶漢、甘泉等酒家。大酒樓的興起，導致原先設備落後、業務簡單、飲食環境不佳的小酒樓相繼倒閉。各種酒樓不斷開張，但也不斷歇業。

二十世紀二、三○年代，廣州知名酒家中的佼佼者南園、文園、西園、大三元聲名鵲起，成為廣州著名酒樓的代表，名揚省內及港澳地區，被譽為廣州「四大酒家」。那時，廣州人和所有外來者，無不知「四大酒家」是廣州飲食業的「最高食府」，對它們的招牌菜也如數家珍。

「南園」位於八旗二馬路，原為孔家大院，因地處南關而得名，是四大酒家之首。南園原是私家園林，幾經周折，後轉售給了外號「乾坤袋」的陳福疇。陳福疇善於經營，他先是改變酒樓利潤的分配辦法，增加了主事人的利潤分成。其次是對南園的天然園林優勢進行了進一步改造，使酒樓亭、台、樓、閣俱全，又有獨立的小庭院，十分適合達官貴人單獨就餐之需，又符合文人墨客愛好美景之意。且所有建築皆可「曲徑通幽」，這在當時是絕無僅有的。再次是陳福疇極力宣傳主廚邱生，並大力宣傳自家的招牌菜「紅燒網鮑片」。南園的「紅燒網鮑片」之所以有名，在

於其獨到的製作功夫，即烹飪好的紅燒大網鮑片，每片都是京柿色的，吃起來不硬也不爛，最妙之處在於略微粘牙，可以咀嚼。這樣的製作功夫，沒有一家酒樓能勝過。因此，南園生意大為起色，聲名鵲起，名震廣東，陳濟棠主粵（1929-1936年）時其業務更是登峰造極。

這家「紅燒網鮑片」有名的原因還在於南園有三位能人，一位善於挑選好幹貨鮑魚，一位善於切乾貨鮑魚，另一位擅長烹製。只有活鮑魚曬成乾貨，燒好之後才會成京柿色；死的鮑魚曬成乾貨，則永遠燒製不成京柿色，所以有位善看是否活鮑魚製成乾貨的能手非常重要；其次在於南園有位好刀手。做好這道菜最好的是三個頭的大網鮑，但這樣的鮑魚很難做到完整無缺的一片一片地切下來，只有南園酒家的這位切菜師傅能做到，而別處的只能用較好切片的四個頭的大網鮑；最後就是南園廚師的手藝，能做到每塊鮑片夾起來都沾滿汁，等到鮑片全吃完，碟上亦乾乾淨淨，不留一點點菜汁，真是難得的一絕。

「文園酒家」地處西關繁華之地文昌巷，原為文昌廟，民國十二年（1923年）由於政府拆遷而為某富人購買，並委託陳福疇主持集股經營。陳福疇認為西關是商人、文人薈萃之地，業務不能與南園相同，於是裝修設置更注重文化氣息，把它建成了亭台樓閣的花園式酒家，中開一池，池心建亭，連以曲橋，踏橋亭中，裡設雅座，茶室可擺十來桌，即使是酒席宴客，也可擺上四五桌。主樓為「匯文樓」，每個房間裝修典雅，還設神龕供奉文昌帝君，非常符合文人墨客之意，因而成為西關數一數二的頂級酒樓。據時人目擊，每天中午剛過，便陸續有「兩人轎」「三人轎」來到店前，長袍馬褂者、西裝革履者、粉白黛綠者絡繹不絕，頗為奇觀。文園名菜有江南百花雞、蟹黃大翅、玻璃蝦仁等，而「江南百花雞」為其代表菜。粵菜品種中雞的烹製方法多樣，作為四大酒家之一，文園當然需要標新立異，於是其廚師發明創製了「江南百花雞」這一特色佳餚。此道菜獨特之處是淨肉無骨，而肉卻並不是雞肉，外面是完整的雞皮，裡面卻是經過無數次加工而特製的蝦膠，吃起來爽而不膩。

「大三元」酒家地處廣州最繁華地段之一——長堤，始創於民國五年（1916

年）。最初，大三元店鋪面積狹小，僅有一間鋪位，且因此地酒樓競爭激烈生意岌岌可危，後被陳福疇接手後而大為改觀。大三元先出資收購右麵店鋪擴充店面，不久又趁機兼併了左鄰的破產倒閉的羊城置業公司，鋪位得到進一步擴充。至此，三間鋪位相連，面積大擴，但陳福疇仍覺不夠氣派，想出新招，在店中安裝了剛面世不久的電梯，使大三元成為當時全市僅有的安裝電梯的酒家，於是備受市民歡迎，不少人因好奇而光顧。大三元酒家的代表菜是「六十元大裙翅」，此菜價格昂貴，一菜之價格相當於當時市面上十四擔上等白米，但因是用「上湯」來「煨」翅而成，工序嚴密，烹飪獨特，且是由人稱「翅王」的吳鑾主理，因而產生極大的轟動效應，生意因此帶旺。

「西園酒家」地處惠愛中路（今中山六路），原來為六榕寺產的一部分，孫科主穗時，拍賣寺產而為陳福疇購買並重新裝飾。裡面竹木眾多，花草茂盛，其中有一株北方所未見的連理樹，樹身高大，兩株連理，合二為一，成為來此就餐的食客必看的風景之一。所有就餐廳堂全處在竹林樹木中，環境幽雅，清靜自然。西園以素菜招徠食客，顯示了其獨到之處，「鼎湖上素」是其招牌菜。[1]

第三節　地方小吃盡顯特色，承載多種社會功能

明清以降，東南地區社會生產力得到空前發展，商品經濟非常發達，經濟作物種植普遍，飲食資源相當豐富，人民生活水平有了提高，也較重視物質生活享受。這一切帶動了各地風味小吃的興起和發展，尤其在民國時期，人們製作了各種風味小吃，並用於歲時佳節、婚喪喜慶、迎親送友、拜神祭祀、紀念先人、祈福祛災、市場銷售等。這些小吃既有著良好的經濟效益，更體現了飲食文化的社會功能。

1　馮明泉：《陳福疇與四大酒家》，轉引自陳基等主編：《食在廣州史話》，廣東人民出版社，1990年。

一、用於歲時、婚喪及祭拜

東南地區各地小吃豐富，絕大部分小吃是在歲時佳節、婚喪喜慶以及拜神祭祀時用。

「魚丸」「扁肉燕」是傳統福州菜中不可缺少的小吃。逢年過節、婚喪嫁娶，一般有了魚丸和扁肉燕，老百姓就可安心了。當地有「魚丸扁肉燕，乞（讓）儂諞一諞」之諺。即這兩道菜可讓主人「諞一諞」，很給主人撐面子。因為魚丸可以讓客人把部分菜餚攜帶回去與家人共享，而用扁肉燕、鴨蛋及其他配料一起煮成「太平燕」待客，寓意太平吉利，故這兩道風味小吃相當盛行。

「線麵」是非常具有福州地方特色的麵條，也是我國各類麵條中質量最好的優質傳統麵條之一，絲細如線，潔白似銀，食用時具有軟而韌、不糊湯等優點。線麵製作始於南宋，工藝複雜而考究，被稱之為「席上珍品」，傳說是九天玄女指點創製，又因其長度較長，民間俗稱「長麵」「壽麵」。宋代詩人黃庭堅曾讚譽：「湯餅一杯銀絲亂，牽絲如縷玉簪橫」，故又稱「銀麵」。閩中習俗，正月初一吃線麵，慶賀生日送線麵，寓意健康又長壽。不僅如此，線麵還有其他民俗含義：婦女分娩坐月子，多以線麵為主食，稱之「誕麵」；結婚定親送線麵，謂「喜麵」；遊子離家遠客至，線麵加兩蛋而煮，曰「太平麵」。總之，線麵是福州民家常備的一種麵食。「滷麵」則是泉州人過生日常要煮食的麵條，配料多樣，色澤金黃，味道鮮美。

「海南粉」是海南最具特色的小吃，流傳歷史久遠，在以海口為中心的北部一帶食用普遍，是象徵吉祥長壽的喜慶必備的佳品。有粗粉和細粉兩種，粗粉配料簡單，細粉則較講究，要用多種配料、味料和芡汁加以攪拌醃著吃，故又叫「醃粉」，也通常稱為「海南粉」。其多味濃香，柔嫩爽滑，多吃不膩，愛吃辣的人加點辣椒醬則更有味。

廈門的「油蔥果」又叫「油蔥」，是一種用米粉蒸成的糕食時用刀切開，配以沙茶醬、橘汁、蒜泥、蘿蔔酸、香菜，柔軟芳香，鮮美可口。「芋包」為夏秋小吃，以豬肉、蝦仁、香菇、冬筍、荸薺等為餡，吃時佐以辣椒、芥辣、沙茶醬等，滋味

更好。

「粿品」是將大米磨成粉，再經加工製作而成。潮州粿品品種眾多，因為潮汕地區節日喜慶、拜神祭祀活動時都需要用大量的粿品。潮汕人對粿品的形狀、顏色也都很講究，使得粿品成為潮州飲食文化的一大特色。潮州粿品根據味道不同分為甜粿和鹹粿，根據配料和包餡不同，有糯米飯粿、菜頭粿、芋粿、菜粿、紅麯桃、朴子粿、鼠麯粿、豆粿、筍粿等，其中紅麯桃和鼠麯粿較具特色。用粿品還可做成日常小食，其中特色小食有炒糕粿、碗糕粿、蝦米筍粿和粿條、粿汁，粿條、粿汁又是最為大眾化的米製品。

二、用於紀念先人

東南地區的一些小吃富有紀念意義，常用於紀念一些為民從所敬重的英雄或先賢。

「鼎邊糊」又稱「鍋邊」，白脆薄弱，湯清不糊，食之細膩爽滑，清香可口，是福州人喜愛的獨具一格的風味小吃。「鼎邊糊」相傳是西漢時老百姓為紀念自刎的閩越王郢（yǐng）的部將而做。明清時期福州附近地區的百姓三月在迎大王神時，家家戶戶也要煮鼎邊糊，俗稱「迎鼎邊糊王」。[1]後來製作的鼎邊糊增加了雞鴨肝、胗、蝦乾、目魚乾、香菇、黃花等多種配料，味道豐美，享譽民間。

明朝中期福建沿海倭寇肆虐，人民流離失所，災難深重，後由於戚繼光入閩滅寇才得以光復。為此，當地有不少紀念戚繼光偉績的小吃。「炊切餅」即是其中的一種，相傳明嘉靖年間，奉命入閩殲倭的戚繼光為方便行軍，用麵粉製成一種便於攜帶的麵餅，每個餅中間留有一孔，能串掛在戰士身上。後福州人民為紀念戚家軍的偉績，競相仿製，稱之為「光餅」，也一向被福州人作為祭祀祖宗的重要供品。炊切餅用料以麵粉為主，配以少量的食鹽、鹼和糖，操作技術簡單，具有粗飽而不

1　民國《滕山志》，《中國地方志民俗資料彙編·華東卷》，書目文獻出版社，1995年。

油膩的特點，因此，後來發展為閩江流域平民百姓的日常食品，也成為福州著名的傳統風味小吃。

「芋泥」是用檳榔芋蒸熟後搗成泥狀，再加上糖、芝麻、梅舌、豬油等，拌勻而成。據說當年戚家軍因被倭寇圍困斷糧時，就靠野芋充飢渡過難關。故戚繼光給野芋取名「遇難」以茲紀念。後來人們煮糖芋以懷念戚家軍，「遇難」逐漸演變成「芋芀」。吃芋泥時因豬油覆在表層、熱量不易散發，而表面又看不到熱氣，極易燙傷。民間傳說，因為英國人曾用冰淇淋為難過林則徐，後來林則徐宴請英國人時，上了一道芋泥，燙了「番仔」的嘴。

廣州「及第粥」非常有名，是在白粥中加入豬肉丸、豬粉腸、豬肝煮熟，以味鮮香濃而聞名。據說是因明代廣州狀元倫文敘而出名的。因粥中有三個肉丸，又稱「三元及第粥」。

「伊麵」，又稱「伊府麵」，相傳是300多年前福建閩南府伊秉綬廚師無意中創製的，即將煮熟的蛋麵放入沸騰的油中，撈起後用上湯泡製而成，乃麵中佳品。伊麵特色是麵條粗厚，香滑可口，同時有一種韌的感覺，在廣東也特別受歡迎，是廣東壽宴中必點的主食，延續至今日。

「春捲」，又稱春餅、薄餅，傳說是在宋代福州一女子為發憤讀書的書生丈夫而製作的。製作時把米磨成粉，擀成粉皮，內包豆芽、韭菜、肉絲、蔥花等為餡，用微火榨至金黃色，外酥內嫩，又稱「炸春」，後逐漸流行於城鄉各地。

福建松溪盛行一種名為「小角」的小吃，原名「削檜」，寓意將南宋奸臣秦檜切削吞食，飽含民間的正義情結。[1]

三、體現多元文化融合

東南地區是中國對外交流的窗口和交通樞紐，接納、融合著多元文化，東南地

1　林國平主編：《福建省志・民俗志》，方志出版社，1997年。

區的一些小吃體現了中外之間、民族之間、地域之間，以及宮廷與民間的飲食文化交流與融合。

唐宋時期來自阿拉伯、波斯等國的穆斯林來到東南地區，隨即帶來了穆斯林飲食文化，這其中包括不少小吃。漳州有一種來自於穆斯林飲食習俗的地方小吃，叫「手抓麵」，即用手直接抓食，又稱「豆乾麵粉」。製作時將麵在沸水鍋裡汆熟後撈出，攤成巴掌大的圓形薄麵餅。食用時放在手掌中，依個人口味抹上甜醬、花生醬、沙茶醬、蒜蓉醬、芥末醬等，再放上油炸豆乾，捲起來用手抓著吃。香甜酸辣，冰涼涓潤，別有風味。「柳州牛鮮子」乃是回族人傳來的清真小吃，歷史悠久。「桂林蘿蔔糕」原是桂林回族人過年時特製的一種家庭食品，用料簡便，在當地卻有口皆碑，成為桂林一道特有名氣的小吃。

「雲吞麵」乃廣州麵店著名的小吃。當時北方麵條比較粗糙，南方人難以下嚥。聰明的廣州廚師通過加工把北方的麵條做得更有韌性，又切得特別細，稱為「銀絲細麵」，再加上鮮蝦、豬肉、韭黃餡的雲吞，以及用魚和豬骨熬製的上湯即成。此外，麵店還有牛腩麵、豬手麵等。

「潮州肉丸」是潮州人吸收融化客家肉丸精華而做成的。當時勤勞簡樸的客家人挑著小擔，遠至潮汕一帶賣自家所作的牛肉丸，有的小販甚至專門為停泊在韓江小船上的客人提供夜宵，專賣牛肉丸湯。牛肉丸在潮汕地區深受歡迎，精明的潮州人從客家人那兒學會了牛肉丸的製作手藝，並發揚光大。後來的潮州牛肉丸以「清、鮮、巧」而深受大眾歡迎，而且還登上大雅之堂，成為潮州菜的一道招牌菜。

「南寧八仙粉」，據說來自清宮，後來傳至民間，並經當地改造加工而成。因配以山珍、海味、時鮮八味以上，味道迥異，有如「八仙過海各顯神通」，故取名為「八仙粉」。

四、本地特產的風味小吃

東南沿海一帶海鮮豐富，流行螺、蠣、蝦等海鮮貝類製成的海味小吃。

「蠣餅」為福州民間流行的傳統風味小吃。蠣餅，圓形，色金黃，殼酥香，餡鮮美，味帶葷，可單獨食用，亦可做下粥小菜，與「鼎邊糊」同吃更佳。「土筍凍」則是極富廈門代表性的小吃。廈門人俗稱星蟲為「土筍」，其產於海灘泥沙中，吃時佐以醬油、北醋、甜醬、辣椒醬、芥辣、蒜茸、海蜇及芫荽、白蘿蔔絲、辣椒絲、番茄片等，清脆可口，別有滋味。廈門其他傳統風味小吃還有蝦麵、蠔仔煎、五香卷、炒魷花等。福建晉江的「桂花蟹肉」「田螺肉碗糕」等也相當不錯。[1]潮汕沿海盛產蠔，把蠔、薯粉、鴨蛋拌勻放入平底鍋，用「厚油」攤煎成餅狀，即成為精緻可口的「蠔烙」。蠔烙小吃只在閩南和潮汕兩地有，而在潮汕地區製作尤為精美，是清代潮汕地區最風行的小吃。

福建客家肉丸是客家人喜愛的小吃。客家肉丸品種眾多，像豬肉丸、牛肉丸、魚丸、蛇肉丸、蝦肉丸、雞肉丸等，其中牛肉丸最多。客家地處山區，荒草地甚多，多放養牛，為作牛肉丸提供了豐富的原料。「羊魚」為客家地區龍岩的著名風味小吃，清代以前就已創製，是用羊肉加工而成，兼有魚肉鮮甘之味，故命名為「羊魚」。

廣州地區產螺，「豉汁炒田螺」是廣州傳統的風味小吃，很多小吃店有售。先用清水把螺養一兩天，讓螺吐盡穢物，再把螺的頂端剁去少許，以令田螺入味，又便於啜吸。把花生油倒入燒紅的鍋中下入田螺煸炒，並加入蒜頭豆豉、鹽、糖或辣椒絲，為增香氣還可加入少許紫蘇葉絲。吃田螺時手拿田螺啜吸，別有風味。牛雜湯、炒田螺、酸辣芥菜、豬紅湯等小吃，起初多是在街頭擺賣，後由於大眾的喜愛而進入店鋪經營。

潮州小吃以粗糧精製、重在做工、花樣變化而出名，其中最有名的要算粿品、蠔烙、三丸（牛肉丸、豬肉丸、魚丸）。潮州人食用的「粿條」與廣州人的「粉」是一樣的做法，可炒可煮。煮粿條方法較特殊，鍋是中間隔開的，一邊是泡粿條的沸水，一邊是煮開的骨頭湯，把粿條放入沸水中片刻，撈至碗中，再澆上鍋中另一

1　陳國強主編：《福建僑鄉民俗》，廈門大學出版社，1994年。

邊煮開的骨頭湯，放入冬菜、蔥花、芹菜、芫荽等作料，再加入肉丸、鮮蝦肉、蠔仔或豬肝，即成一碗可口的粿條湯。「粿汁」則是把粿條切成條狀，和入米漿煮成稀糊。在熱汁中放上幾片鹵爛的五花肉，撒入切細的蒜頭粒，淋上熱鹵汁即成。粿汁不淡不膩，潤滑爽口，用料普通，價廉物美，深受當地人民喜愛。

海南氣候炎熱，盛產椰子、竹子等熱帶作物，再加上黎族風情，形成了自己特色的小吃。「海南椰子船」是瓊海、文昌一帶的民間傳統小吃，又叫「珍珠椰子船」，是用鮮椰子、糯米、味料煮熟而成，色澤白淨，軟硬相間，細嚼慢品，清甜爽口，椰香濃厚，具有濃郁的椰鄉風情。「黎家竹筒飯」，是黎族傳統的美食，是用新鮮竹筒盛裝大米及味料烤熟而成，米飯醬黃，香氣飄逸，柔韌爽口。過去是黎族人們在山間野外或家裡用木炭烤製的，後經廚師改進提高，已登上大雅之堂，成為海南著名的風味美食。其他風味小吃還有「抱羅粉」「海南煎粽」「海南蘿蔔糕」「海南椰絲包」等。

五、極具地方特色的「餅」與「粉」

東南地區的餅食非常有名，品種眾多，據屈大均《廣東新語》記載，當時的廣州餅食有白餅、黃餅、雞春酥冥餅之類，「富者以餅多為尚」。民國時期東南地區較出名的餅食主要有廣州的小鳳餅、鹹煎餅、福肉餅，中山的杏仁餅，佛山的盲公餅，南海的西樵大餅，潮州的老婆餅和腐乳餅，福州的蔥肉餅和蝦乾肉餅，泉州的茶餅、綠豆餅，霞浦縣的豆餡餅等。

廣州「成珠小鳳餅」，又叫「雞仔餅」，是清末「成珠樓」老闆伍紫垣的婢女小鳳首創的。它是用麵粉、豬肉、糖、梅菜乾、欖仁、熟鹽、胡椒粉等和勻，捏成蛋形，烤烘至脆而成。其餅色金黃，脆軟相兼，鹹中帶甜，甘香濃厚，味道獨特。後被成珠樓老闆改進而成為成珠樓的招牌點心，從而行銷海內外。因廣東人稱「雞」為「鳳」，此餅又以一小雞為商標，故廣東人多稱此餅為「雞仔餅」。「德昌鹹煎餅」，一九三八年由廣州龍津中路德昌茶樓點心師傅譚祖創製，以用料精當、製作

恰宜而聞名，是華僑帶回僑居地餽贈親友的佳品。

民國時期的廣州，還產生了不少有名的餅乾廠家，創製出自己的名牌餅乾，像馬玉山糖果餅乾公司的「奶油好好餅」，黃值生餅乾食品廠的「梳打鹹餅」，讚美餅乾食品廠的「奶鹽梳打餅」，嘉頓的「體力架」等。廣東婚禮上的用餅十分講究，稱之為「嫁女餅」，有豆沙餡的「紅菱酥」、豆蓉餡的「黃菱酥」、夾糖餡的「白菱酥」、蓮蓉餡的「蓮蓉酥」等多種，一般大酒樓都兼營餅餌生意。其中「趣香」「蓮香」「廣州」「陶陶居」等酒樓的餅食在民國期間最負盛譽，廣府人嫁女都在這些名店訂貨。

潮州餅食以特色的製作而聞名，像「老婆餅」，形圓而稍扁，色金黃，以選料上乘、餅皮脆薄、餅餡清香而暢銷港澳穗一帶，聲明遠颺，是潮汕人娶妻必備之禮。徐珂《清稗類鈔》記載了一個好食老婆餅成癮之人，為食老婆餅而傾家蕩產，最後甚至以賣老婆而解饞。「潮州腐乳餅」則以酥脆而帶柔潤、甜中夾鹹、美味可口而著稱，老少咸宜。

「蔥肉餅」和「蝦乾肉餅」乃福州傳統的餅食，至今已有三四百年的歷史。「蔥肉餅」是用麵粉為主料，以豬肥膘肉、蔥花、生芝麻為輔料而製成的一種烤爐酥餅，「蝦乾肉餅」則是用碎蝦乾、肉丁、椒鹽等製成的，味道香酥可口。

「茶餅」，泉州特產，是清朝末年一民間醫生用仿古驗方採用地道中藥材配合名茶精製而成的。它具有開胃理氣、消食和中、搜風解表、提神醒腦之功效，可作藥用，亦可當茶飲，氣味芬芳，老少皆宜，為閩南及南洋一帶華僑所珍愛。「綠豆餅」，清末年間創製，用料精細，製作考究，酥皮清晰多層，為泉州人喜愛的食品之一。福建霞浦縣的「豆餡餅」乃當地名食，用麥粉製作，中間用豆和紅糖為餡，價廉物美，深受婦孺喜愛。[1]

東南地區的「粉」類食品非常有特色，就像北方的麵條。著名的粉類小吃有福建「興化米粉」、廣州的「腸粉」和「沙河粉」「桂林米粉」「柳州螺螄粉」「南寧

1　劉以臧等：《霞浦縣志》卷二四，鉛印本，1929年。

中國飲食文化史　東南地區卷·下冊

乾撈粉」等。

興化米粉係大米製品，色白條細，質佳味美，十分爽口，且耐儲藏，便於攜帶。北宋以來，一直是興化（今莆田市）乃至全國著名的粉製品。

腸粉、沙河粉是廣州的著名特產。「腸粉」是把大米磨成漿，蒸熟後理成長條形，因其形狀像豬腸而命名。腸粉興起於二十世紀二〇年代，剛開始是由小販沿街叫賣，後成為茶樓酒樓早市必備之品。「沙河粉」是先把米漿蒸成薄粉皮，再用刀切成帶狀而成，盛行於廣東、廣西、海南一帶，以廣州市沙河出產的最好，故名「沙河粉」。正宗沙河粉是用白雲山的九龍泉水泡製，粉薄白透明，軟韌兼備，炒、泡、拌食皆宜，是食肆和居家的極好食品。

桂林米粉是當地最有名的小吃，潔白、細嫩、軟滑、爽口。根據湯底（又叫滷水）的用料和做法不同，可以烹製出牛腩粉、三鮮粉、生菜粉、酸辣粉、滷菜粉等不同風味的米粉。柳州的「螺螄粉」遠近聞名，用柳州特製的米粉，配以酸筍、木耳、花生、鮮嫩青菜等，加以濃郁適度的酸辣味，再用特製的螺螄湯調和而成，具有酸、辣、爽、燙的風味，吃後常讓人大汗淋漓，卻又回味無窮，是柳州最具特色的地方小吃。「乾撈粉」是南寧的特色小吃，把米漿蒸熟後切成條，用調好的叉燒、肉沫、蔥花、炸花生、醬料、香油等調味料相拌，香、酸、脆、甜、鹹五味適度，食而不膩。還有「生炸米粉」，價格低廉，鮮滑爽口，深受大眾喜愛。「老友麵」，起源於清末年間，在精製麵條中拌以蒜末、辣椒、豆豉、酸筍、胡椒粉、牛肉末，食之可開胃驅寒，深受百姓喜愛而歷久不衰。

第四節　藥膳及海外香藥入饌

一、東南人的藥膳進補與保健

東南地區有廣袤的原始林區，野生植物資源豐富，南嶺、武夷山是天然的藥材

寶庫，其中以嶺南地區為多，故向有「南藥」之稱。嘉靖《廣東通志初稿》所載的主要藥材，就有陳皮、黃連、麥門冬、五加皮、茵陳、黃精、遠志、芡實、何首烏、藿香等140多種。東南人很早就知道許多藥材既可治病，又是上佳的保健食物。濕熱的氣候條件、肆虐橫行的瘴癘、落後的醫學條件以及長期的生活經驗積累，使東南人民養成了把藥材作為日常飲食保健原料的習慣，形成了藥食兩用的飲食食俗。

俗話講：「藥補不如食補。」東南地區盛行食補之風，以秋冬之交的「補冬」居多，很多藥材因其藥食兩用而成為東南人重要的食補輔助原料。福建人補冬講究用雞、鴨、羊肉、豬腳、豬肝、鰻魚等葷食，再配以當歸、川芎、黨參、熟地、白朮、茯苓、人參等中藥清燉而食。福建人還特別注意給正在長身體的孩子進行食補。像給男孩子吃雄雞燉八珍（當歸、川芎、黨參、白芍、熟地、白朮、茯苓、炙草）或蚶殼仔草，女孩則吃雄雞燉紅麴、蚶殼仔草。據說這些食物有助於發育。廣東老百姓則喜歡用巴戟天、肉蓯蓉和雞肉一同煨燉，製成巴戟蓯蓉雞，飲湯食肉。臺灣農家在農忙時節，常用豬肚、小腸等配「四臣」（淮山、芡實、蓮子、茯苓）等，文火慢燉，烹製成「四臣湯」，作為家中主要勞力的補品。有時煲湯時還喜歡放些陳皮，以起清肺潤喉之用。

羊肉，性溫味甘，是東南人們「補冬」的重要食料。《本草綱目》記載：「補氣滋陰，暖中補虛，開胃健力，可正氣袪邪、治畏寒怕熱；為補元陽、宜血氣的滋補上品；對寒暑侵襲、冷熱不均、四肢無力、產病後虛弱有奇效。」故傳統中醫學又有「人參恆氣，羊肉補形」之論。羊肉除了用來做菜，炮製各色湯品也是一大特色，巴戟杜仲燉羊鞭湯、羊胎湯、天麻燉羊腦等都是東南人的靚湯。廣東人還喜歡大補羊胎素，此菜以純正的海南東山羊羊胎盤為主要原料，佐以黃蓍、當歸等多種原料精心製作而成，讓人在品嚐美味的同時還能享受到滋補的效果。「圓肉」也是東南人們喜歡的補冬佳品。圓肉是曬乾了的龍眼肉，東南的飲食中十分普遍，可作乾果食用，或作滋補藥材，或作湯料，著名的如「桂圓湯」等。

「狗肉滾三滾，神仙企唔穩。」這是廣東的俗語，意思是狗肉滾三滾，神仙也站

不穩，這說明了廣東人非常中意吃狗肉。狗肉也是廣東人補冬的重要食料。嶺南地區的潮州、梅州、寶安（今深圳市）、廣州等地，食犬之風長盛不衰。多數地區視狗肉為冬令補品，故有「十二月吃狗肉，六月見功」的說法。廣東英德稱狗為「地羊」，是當地過年的一道食補佳餚，烹製成大餈粑狀，「新年佳餌見真稀」；同時狗肉還是當地祭祀的必用品，無論貧富，祭祀時一定要用烹製好的狗肉，沒有烹製狗肉的人家會被恥笑。狗肉祭祀完畢後，「家家牽得地羊歸」。[1] 廣西的「靈川狗肉」則是一種具有悠久歷史的風味小吃，民間戲稱：「好狗莫過靈川。」靈川人選狗、宰狗、烹調、吃法都十分講究。而南寧人喜歡帶皮吃，有名的「狗肉砂鍋」，選料講究，技法獨特，濃香四溢，鮮美無比。據《本草綱目》記載：「冬日食狗肉能安五臟、輕身、益氣、強腎、暖腰膝、壯氣力、補五勞七傷、實下焦」。故嶺南人食補講究食狗。

「秋風起，三蛇肥」，蛇肉是嶺南人的又一重要食料，而蛇膽則是重要的名貴藥物。它可醫治風濕、鎮咳除痰。廣東人吃蛇肉是因為蛇肉有滋補作用，故蛇餐館的滋補品不勝枚舉。嶺南又是燕窩的產地，其中以廣東懷集燕岩和海南島崖州玳瑁山所產為著名，嶺南富貴人家都講究用燕窩作為重要的食補佳品。

「薑醋」不是陌生之物，是嶺南女性坐月子的必食滋補品。薑能驅風，醋能定驚，除憂鬱症，故坐月子的人都會吃，其他女性也能吃此物滋補。

東南民間還普遍相信滋陰補陽之說。滋陰即要吃冷性食物，以避免熱性、燥性，調節體內虛火，如清燉甲魚、清燉鮑魚、冰糖燉燕窩等。補陽則要吃熱性食物，以壯氣補腎，扶元益血，如吃羊肉狗肉、豬腳燉八珍、紅酒燉河鰻或鹿茸、鹿鞭等。民間還講究滋陰時忌吃熱性、燥性食物，如油炸食物、狗肉、羊肉等；補陽是忌吃冷性食物，如白菜、蘿蔔、水果等，否則將破壞食補效果。

1　彭格：《英德竹枝詞》，轉引自鐘山、潘超等編：《廣東竹枝詞》，廣東高等教育出版社，2010年。

二、海外香藥入饌促進了東南菜系的發展

❶·海外香藥入肴的保健作用

香藥，亦香亦藥，是對香料並兼有藥物作用的物品統稱。香藥的醫藥價值很早即被東南人們所利用。漢代以降，隨來自東南亞、西亞阿拉伯、波斯等地的海外香藥大量輸入並用於肴饌中，人們對香藥保健作用的認識逐漸加深。民國時期，常見的海外香藥有：

丁香，又名雞舌香，屬香木類木本植物，漢代以來即已大量輸入，其味道辛、香、苦，單用或與他藥合用均可。民國時期已是東南很多菜餚不可缺少的作料或調味品，常用於扣蒸、燒、煨、煮、鹵等菜餚。

胡椒，是東南地區最喜食用的香料，「以來自洋舶者色深黑多縐名胡椒者為貴，胡椒產紅毛國」[1]。它性熱，具有強烈的芬芳和辛辣味，有溫和驅寒之功。胡椒多研成粉末食用，在東南的食肆中，桌上都備有胡椒粉，給客人隨時備用。廣東人愛煲湯，秋冬季節湯中常放少量胡椒粉。

至近代，從海外引進的香藥中，最有代表性的是東南亞的沙茶醬和歐洲的咖喱粉。

沙茶醬，原為印度尼西亞的一種風味食品，是一種呈深褐色的合成醬料，具有大蒜、洋蔥、花生米等特殊的複合香味，亦有蝦米和生抽的復合鮮鹹味，以及輕微的甜、辣味。沙茶醬傳入東南地區後，經改造去掉其辛辣味，致其香而不辣，並略帶甜味。後已成為盛行於福建、廣東等地的一種混合型調味料，尤其在閩南和潮州地區流行。

咖喱粉，是由紅辣椒、薑、丁香、肉桂、茴香、小茴香、肉荳蔻、芫荽子、芥末、鼠尾草、黑胡椒以及薑黃粉等香料混合而成。原產於印度和馬來西亞等地，後被歐洲人吸收作為一種調味品，又隨歐洲人傳入東南地區。

1　屈大均：《廣東新語》卷二七《草語》，中華書局，1985年。

砂仁，是熱帶和亞熱帶薑科植物的果實或種子，香氣濃郁，有甜、酸、苦、辣等多種味道。砂仁始載於《藥性論》，名縮砂蔤。《本草綱目》云：「李珣曰：縮砂蔤生西海及西戎、波斯諸國，多從安東道來。」從歷代本草記載可見，砂仁有國產、進口之分，「綠殼砂仁」即為進口者。《本草綱目》載，砂仁可以健脾、化滯、消食。東南人製作醬肉時，常放入砂仁作調料，氣味清香。

除海外的香藥外，國產的一些香辛料也廣泛用於看饌中，如桂皮、大料等。

❷・香藥入饌促進了東南菜系的發展

中國人自古就有使用香藥入饌的飲食習慣。體現了「醫食同源」的飲食文化思想，至民國時期，東南地區已是香料大量入饌，除提高了菜品的保健功能以外，還袪除了閩粵肉類、海鮮等葷菜的腥羶之氣，增加了閩粵菜餚的美味，對粵閩臘味的抑菌防腐亦起了特殊功效，促進了東南菜系的發展，體現了東南飲食文化的特色。概括起來，東南地區的香藥入饌有如下幾個特點。

第一，海內外香藥、香辛料主要作為調味品。各式香料都有其獨到的芳香，東南人在香料的運用中頗具匠心。如茴香，盛產於南洋，明代就已成為東南人常食的香料。據李時珍《本草綱目》卷二十六所記：「（八角茴香）自番舶來者，實大如柏實，裂成八瓣，一瓣一核，大如豆，黃褐色，有仁，味更甜，俗呼舶茴香。」茴香主要用於肉類、海鮮及燒餅等麵食的芳香調味，在東南菜餚中廣為運用。

桂皮，又稱肉桂、官桂或香桂，是最早被人類使用的香料之一。在西元前二八〇〇年的史料記載中就曾提到桂皮，在西方的《聖經》和古埃及文獻中也曾提及肉桂的名稱。嶺南盛產桂，廣西尤多產桂，《本草綱目》載：「嵇含《南方草木狀》云：『桂生合浦、交趾。生必高山之巔，冬夏長青，其類自為林，更無雜樹。有三種，皮赤者為丹桂，葉似柿葉者為菌桂，葉似枇杷葉者為牡桂。』」秦代以前，桂皮在我國就已作為肉類的調味品與生薑齊名。肉桂為桂皮下面最厚的部分，味辛性辣，芳香異常，為古代烹飪中的重要調味料。《廣東新語》卷二十五記：「飲食中，古稱蜀薑越桂。粵中以高州為珍，雜檳榔食之，口香竟日。」可見古代的烹調已看重粵

中的肉桂，同時已有了咀嚼肉桂使口氣芬芳的習俗。

八角，是類似茴香的一種香料，廣西自古有之，早在宋代就很著名，范成大《桂海虞衡志》記：「八角茴香，北人得之以薦酒，少許咀嚼，甚芬香。出左右江州洞中。」《嶺外代答》也記：「八角茴香，出左右江蠻峒中，質類翹，尖角八出，不類茴香而氣味酷似，但辛烈，只可合湯，不可入藥。」它說明廣西左右江出產的八角茴香在宋代已經是全國著名的香料產品，並普遍作食用。至今廣西防城八角仍為全國名產。

薑，也是一種香料型的調味品，它能調節機體，驅邪暖胃。《廣東新語》云：「越薑為古所重，記稱妹嬉嗜珍味，必有南海之薑。越之新興多薑，田種者十三，山種者十七，其性亦異。語曰：在田薑多腴，在山薑多辣。」[1]反映了當時的廣東人對薑高度重視，尤其認老薑。老薑是很好的調味品，其皮厚肉堅，味道辛辣，用薑需加工成塊或片，且要用刀面拍鬆，使其裂開，便於薑味外溢浸入菜中。老薑一般用在如燉、燜、煨、燒、煮、扒類的菜餚中，主要是取其味，熟後去薑。嶺南人喜食魚蝦，薑更是理想的去腥香料；每天炒菜總要以幾片生薑起鍋調味，這幾乎成了廣式烹飪的定則。

第二，蔬菜型香料普遍運用。像辣椒、蔥、蒜、芫荽、芹菜等都是蔬菜型香料，為烹調不可缺之物，東南菜餚最善用這類菜蔬去點綴香味，故廣東人稱這類菜為「香頭菜」。

辣椒，是最常用的香料，它除了本身的芳香外，更以其辛辣的味道是烹調中不可缺少的用料。尤其是在山區等地。人們通常把辣椒加工成辣椒乾、辣椒粉和辣椒醬。其中桂林辣椒醬分蒜蓉辣椒醬和豆豉辣椒醬兩種，味極鮮美，風味別緻，既可佐餐又可調味。

芫荽，又名胡荽，俗稱「香菜」，其味芳香宜人，在東南一帶無論是做鮮魚湯，還是紅燒、炆、焗都習慣放一些芫荽以調味。廣東人有俗語云：「老兄老兄，唔食

1　屈大均：《廣東新語》卷二七《草語》，中華書局，1985年。

芫荽蔥,生在河南,死在廣東」。

第三,新工藝加工成新式香料。近代以來對香料加工有了較多新工藝。為了烹調方便,人們把各種香料研成粉末,混調使用,這是香料使用的新變革。如「五香粉」即是東南地區最為普遍的食用香料粉,它以花椒、八角、茴香、胡椒、香粉等料製成,這種常用的香料可用於各種各類的烹調品中,起著調味、調色、芳香等作用。香料的醬化生產也很普遍,芥醬是用芥菜籽舂成粉,加油和香料攪拌製成醬,它更能興奮味覺,刺激食慾,同類的有芝麻醬、花生醬等。

此外,也有把香料製成油劑使用的,如麻油、玉桂油、胡椒油等。點滴香油置於食物之上,便有滿盤皆香之效。其中麻油是東南重要的食用香料,廣式菜很重視以麻油來點綴香味。

椒鹽,是東南地區食用香料的另一種配製方式,它把鹽炒熟製煉,伴以胡椒等香料,食用時人們可根據各自口味的不同撒入食物之中,增加鹹味和芳香。對煎、炸、炆、焗等菜餚尤其適用。東南花卉品種繁多,人們還擅長利用花卉製作香料,並以此入饌,較常見的是茶蘩露,這是從茶蘩花中提取的香精,可用於飲食。

第五節　發酵食品,東南一絕

發酵是細菌和酵母等微生物在無氧條件下,酶促降解糖分子產生能量的過程,是人類較早瞭解到的一種生物化學反應,如今在食品工業、生物和化學工業中均有廣泛應用。東南勞動人民很早就掌握了發酵工藝,並製作了具有鮮明地方特色的醬、醋、豆腐乳、醃製菜、臘味等發酵食品。至近代,東南地區發酵工藝技術得到進一步發展,製作了更多、更加成熟的發酵製品,從而對粵菜、閩菜的發展和東南飲食文化的豐富有著重要意義。

一、風味獨特的調味品

俗話說，民以食為天，食以味為先。可見調味品在飲食中的重要性。近代東南已能生產品種眾多的調味品產品，主要有醬油（生抽、老抽）、柱侯醬、魚露、蠔油、沙茶醬、豆豉、麵豉、腐乳、南乳等品類。

❶ · 醬油類

醬油是用大豆、小麥等為原料，經加鹽釀製而成，是中華民族傳統的調味品，也是東南人民家庭必備的調味品，含有氨基酸、可溶性蛋白質、糖類、酶和維生素等多種人體必須的營養成分。近代東南醬油的生產以廣東為中心，而廣東醬油的生產又以廣州、揭陽、佛山為中心。

廣州的醬油調味品具有悠久的歷史。作為華南地區的經濟中心和對外貿易口岸，廣州酒樓茶室遍布全市，油料調味品的生產也隨之發展，至近代廣州製醬業已馳名海外，其中致美齋生產的「天頂抽」醬油更是佼佼者。乾隆年間，劉守庵在廣州文德路開設了「致美齋醬園」，由於地居鬧市，經營有道，生意越做越旺。從清代到民國再到新中國成立，致美齋一直保持其在華南地區的領先地位。最具特色的產品是「天頂抽」「麻醬」等招牌名產。「天頂抽」醬油選料嚴格，味鮮色濃、醇香馥郁、體凝濃厚。

作為潮汕地區的一項名優特產，「揭陽醬油」也以其色澤鮮豔、醬香純正、而享譽海內外，並成為當地重要的傳統調味品之一。道光十年（西元1830年），揭陽縣人楊祥坤在榕城開設醬油作坊，以「楊財合」為店號，取財源廣進，合顧客口味之意，成為揭陽縣第一個生產醬油的人[1]。楊祥坤生產醬油嚴格遵循三條原則：一是選用新鮮大豆為原料；二是充分採用陽光，天然發酵以增醬香；三是製作工藝考究。因此，所產「楊財合」醬油鮮甜濃香，久藏不腐。二十世紀初，揭陽榕城鎮相繼出現了許多同類醬油作坊。至二十世紀三〇年代，揭陽醬油有了長足發展，質量

1　王崧修、李星輝纂：《揭陽縣續志》卷八《物產》，刻本，1890年。

也得到了更大提高，出現了楊財合、洪信美、袁龍記、林太源等有名的醬油作坊。作為醬油生產的首創者，此時期的「楊財合」醬油以質量超群、風味獨特而飲譽國內外。到二十世紀四〇年代，揭陽醬油作坊已經遍及潮汕地區，並向福建等地發展。

佛山以生產「生抽王」醬油而聞名。生抽王醬油是華南醬油的代表，最早為清中葉佛山茂隆醬園的名牌產品，它以味鮮色美，體態澄明，豉香純正為特色。民國時期成為珠江三角洲地區人民常買的醬油之一。

❷·醬露類

「柱侯醬」是佛山傳統的調味佳品，色鮮味美、香甜適中，有芬芳的豉味。清代嘉慶年間（西元1796-1820年），佛山三元梁柱侯開設飲食店，經長期的實踐，探索出一種諸菜皆宜、廣泛使用的醬料——柱侯醬。它是用豆醬、醬油、食糖、蒜肉、食油等原料精製而成，適用於烹調風味獨特的住侯雞、鵝、鴨，並可燜製各種肉類。

「魚露」是潮汕人民創製的調味醬料。魚露俗名「腺湯」，福建人又稱「蝦油」，是潮菜的主要調味醬汁，清代中期於澄海縣首先創製。其製作方法是：將小魚置於食鹽中醃製一年以上，待小魚腐化，用加工的鹽水進行水浴保溫、浸漬、濾渣等工序，成為味道鮮美香醇的清汁，即為魚露。魚露顏色很淺，液體透明，味道鮮美，對原料本色不會掩蓋，是形成潮菜清淡素雅的特色調料。魚露在近代通過潮汕人傳到越南、泰國以及其他東亞國家，對當地菜餚口味的豐富起到了積極作用。

「蠔油」是用牡蠣熬製而成的調味料，是廣東常用的傳統鮮味調料。廣東沿海人民很早開始養蠔，在近代已經形成一定的規模。一八八八年中國廣東省新會人李錦裳以蠔為原料，經煮熟取汁濃縮，加輔料精製而成蠔油，並取名為「李錦記」。李錦裳的蠔油煎熬火候得當，濃度適中，加之他為人熱情豪爽，人緣極好，故前來購買者除附近百姓外，江門、石岐、廣州、澳門亦不少客商光顧。以後經過他後代的發展，「李錦記」成為一個蜚聲海內外的、產品達60餘種的醬料王國，暢銷世界80多個國家和地區。

近代廣東還有許多出色的調味品，如中山蝦醬、紫金辣椒醬、沙茶醬、潮州烤鰻醬油等都聞名遐邇；豐富了粵菜的口味。

❸·醋類

醋是酸味液體調料，多用糧食發酵釀製而成。「法醋」在福建非常有名，將雜糙米蒸熟，壓製成餅型，用草麻葉覆蓋在上面。等到餅上長了細小的黃毛後洗淨，盛藏於大缸中窖製半月以上即成。放置十幾年，其色如漆，味道酸甜，價值比平常醋貴幾倍，但「不為常食，用以入藥爾」[1]。

近代廣東生產的醋主要有甜醋、酸醋，民間的臭屁醋。其中甜醋最為有名，因為當地婦女產後習慣於以甜醋煮薑、豬腳和雞蛋，作為產後必食的滋補品，認為它有驅風補血、養顏之功效，故甜醋的需求量特大。致美齋生產的「添丁甜醋」是廣東甜醋的代表，又是南粵產婦的必需品，三鄉四邑人家，凡有孕婦，也多向致美齋購買，以備一時之需。

「臭屁醋」（也稱臭腳醋）是廣東民間頗具特色的醋，在近代它流行於珠江三角洲一帶的鄉鎮。這是一種家庭自製的米醋，釀製時天氣要晴朗，民間習慣用石灣黑釉醋埕，並以端午節正午十二時的井水或用七月七的井水釀製，民間傳說這天的水最潔淨，不會生沙蟲。釀製時把大米、黃豆炒至焦黃，倒入埕中，加水，再放鹽、果皮之類的配料，然後進行土法消毒，把燒紅的木炭放入埕中淬火，再封埕，讓其發酵成醋，約一百天後便可開埕食用。各鄉的製法會有不同，有些地方還充分利用廢棄的糧食腳料，把洗米水、飯焦（鍋巴）或剩飯放入罐中，讓其自行發酵。臭屁醋聞起來有臭味道，但煮起來卻很香。通常煮醋都要加上鹹菜、薯粒、辣椒等料，婦女們最喜愛食用，它有驅風去濕、健胃消滯之功效。當時每家每戶在天井或曬台都有一埕臭屁醋，它在珠江三角洲百姓的日常生活中很有地位。

1　周瑛、黃仲昭：《興化府志》卷一二《貨殖志》，福建人民出版社，2007年。

二、頗具特色的豆製品和醬醃菜

❶·豆製品類

腐乳，又稱為醬豆腐，是繼豆腐之後的又一發明。浙江是我國歷史上腐乳的重要產地，廣東的腐乳在吸收浙江技術的基礎上，又有了較大的創新。開平「廣合腐乳」創建於一八九三年，採用優質黃豆為主要原料，再配以各種傳統輔料醃製而成，具有色澤金黃、鹹淡適口、鮮香嫩滑，入口即化等特點，成為當地家庭佐餐佳品，也是當時江門華僑最愛帶到國外的食品之一。一九三三年浙江的王世榮、王階眉於廣州創「謙豫醬園」，帶來了浙江的腐乳工藝，特別是南乳的工藝。二十世紀三〇年代中期，謙豫醬園的南乳已經名滿省內外。隨著廣東大批華人流落美洲，廣東的飲食文化也傳向西方世界，抗戰時期華人在美國舊金山開設「廣合腐乳廠」，那時西方人把腐乳稱為「中國乳酪」，其時廣東腐乳已名揚海外。

「桂林豆腐乳」是當地著名的土特產，清代詩人袁枚《隨園食單》記：「乳腐，……廣西白腐乳最佳。」其特點是細嫩味美，營養豐富。桂林名菜的烹調少不了用腐乳做作料，有汁鮮味美之功，桂林腐乳的製法，是將滷水豆腐切成小塊放入黴房，後將發酵的乳坯裹上食鹽、五香粉，或加上辣椒粉然後裝入缸中，再用酒泡浸，封存缸三月即成。桂林豆腐乳又以「天一棧豆腐乳」最為有名。天一棧豆腐乳創始於咸豐年間，由遷至桂林的江西吉安人陽天一初製，當時以細滑味美而盛名，傳至第三代陽幼卿時，通過多次技術改進，進一步提高了產品質量。抗戰期間，許多文化人雲集桂林，他們品嚐天一棧豆腐乳後讚不絕口，又經戲劇教育家熊佛西先生提字後，更是身價百倍。當時遠在重慶的孔祥熙的二小姐，曾經派人乘專機飛至桂林，指名購買天一棧腐乳，之後又用飛機送回重慶。由此可見天一棧豆腐乳的盛名。

「豆乾」是普寧獨具風味的食物，久負盛名。其製法是用大豆磨漿，加上少許薯粉、石膏等原料配製，蒸熟包成方塊狀，色呈白、黃二種，每塊約重50克。食法

可分為焗、煎、油炸三種，尤以油炸豆乾最為膾炙人口。油炸豆乾皮赤而酥脆，內肉白而嫩滑，稱「外金內銀」。嘗之又脆又軟，香味久存於口齒之中。

❷ · 醬醃菜類

「醬菜」是用醬或醬油醃製的鹹菜。利用乳酸菌製作醃菜是廣東人的一大特長。南方天氣炎熱，蔬菜容易變質腐爛，醃菜的製作能使菜品長期保存，同時又能創製出新的飲食風味。

「醃菜」是東南客家人最擅長的，因為客家人長期在山區居住，所需菜蔬均自生產，所以貯備一些經久耐藏的菜蔬十分必要，以應付青黃不接和缺蔬少菜的時日，同時給生活在山區的人們帶來了極大的方便。客家人對醃菜貢獻尤多，各地區製法也不同，據不完全統計品種有十多個，其中最有代表性的是梅菜、鹹菜、酸菜、蘿蔔乾之類。

「梅菜」是最具客家特色的菜餚，它是以芥菜為原料製作的乾鹹菜。其加工工藝是把芥菜洗淨，曬乾後搓鹽，經多次搓鹽，多次曬乾，再經反覆蒸、曬，直至菜呈金黃，然後捆紮收藏。「惠州梅菜」是全國馳名的產品，它曾被歷代王朝列為宮廷貢品，加工精細入微，梅菜棕黃秀色可餐，菜葉爽嫩，芳香濃郁。另一類是水鹹菜，製作時把芥菜加鹽搓揉後裝入陶甕緊壓，使醃出水，鹹菜全泡入鹹水中不得露風，也不能滲入其他水。醃熟的鹹菜醇香甘黃，爽脆帶酸，以梅縣石扇鎮的水鹹菜最為著名。

「鹹菜」「菜脯」是潮汕地區有名的傳統土特產，以其製作精良、風味獨特、健脾消食而享有盛譽，長期以來即為潮汕人好吃的佐膳小菜，不論老少貧富，經年久月的食用。居住他鄉的海外潮汕人，更是把它視為佳餚，其中「新亨鹹菜、菜脯」尤為有名，遠銷東南亞。在越南西貢，因其香鮮清脆而備受歡迎。潮州人還擅長製作果脯，即使是極其普通的蔬果，到了潮州人的手中也能醃製出高品質的食品。而廣州風味的瓜櫻、五柳菜、錦菜，風味獨特，更是席上之珍。

長期以來東南地區的民戶家中都設有「榨土」，這是一個垾形的陶罐，上口邊

沿設有環形水槽,當頂蓋蓋下時,蓋口邊沿剛好插入水槽中,形成一個蟲蟻爬不進、空氣也透不進的封閉容器,類似四川的泡菜罈子,故「榨土」有很強的防腐功能,特別是鄉村的家庭,日常食用的泡菜都儲藏於「榨土」之中。新中國成立前的山區、農村以及中小城鎮,醃製鹹菜、酸菜、麵豉、豆豉、腐乳、豉油在普通人家的一日三餐中,幾乎是必不可少的家常佐餐之物。

三、聲名遠颺的廣式臘味

臘味是嶺南的特色食品,廣州臘味製作方法又尤為獨特,生產出來的臘製品集「豉味」「風乾味」「香味」於一身,稱為廣式臘味,聞名海內外。

廣式臘味歷史悠久,外形美觀,風味獨特。唐朝以前,嶺南人們便在京都臘味的基礎上,創製了具有地方特色的臘味。唐宋時期,來華的阿拉伯人和印度人帶來腸製食品。廣州廚師們將其製作方法與本地醃製肉食的方法相融合,創作出「中外結合」的廣式臘味。廣式臘味有各種臘腸、臘肉、臘鴨等50多個品種,其三味(醬香味、臘香味、酒香味)俱全,條子均勻,腸衣脆薄,色澤鮮豔,鹹甜適中,因而深受國內外食客的歡迎。臘腸是廣式臘味的主要品種,其肉色紅潤,色澤光鮮,外體均勻,口感爽脆,種類有生抽腸、老抽腸、潤肝腸、冬菇腸、魷魚腸、雲腿腸、金鉤腸、淨瘦肉腸等。

廣式臘味的製造不需煙熏,故味道較淡。正因如此,粵式臘味一般不宜獨食。像廣東的煲仔飯,便最能體現廣式臘味的魅力。爐火在煲底不緊不慢地燒著,而在煲內,米飯是主體,臘肉是陪襯,當那些覆蓋在表面的臘肉、臘鴨、臘腸的肉汁全面地滲透了滿煲的米飯時,揭開煲蓋,澆上醬油,米香肉香便撲面而來。因此,廣東人不大說「臘肉」,而是取代以「臘味」一詞。廣式臘味的著名廠家在民國時有「皇上皇」「八百載」「滄州」等幾家名牌店鋪。

「滄州老鋪」是中山人黎敦潮在光緒三十九年(西元1903年)創辦的,店名「滄州棧」三字出自清末書法家吳恬勝之手,蒼勁有力,氣勢磅礴,為店增色不少。其

▲圖6-7　中華老字號「皇上皇」臘味店匾額

店生產的臘腸選料考究、操作嚴密、製作精細，創製的名牌產品「生抽臘腸」和「鮮鴨潤肝腸」以特殊風味而著稱，再加上店主黎敦潮始終秉承「信譽第一，貨真價實」的經營理念，至二十世紀三〇年代，滄州老鋪已成為廣州數一數二的臘味鋪，「滄州鮮鴨潤肝腸」更是聞名遐邇。

「八百載臘味鋪」是於一九三七年在海珠南路開設的，店主番禺人謝柏取《三字經》中「周武王，始誅紂，八百載，最長久」的「八百載」三字為店名，意味生意永遠興隆發達。開店之初，「八百載」便創製出獨具特色的「香化鴨潤肝腸」，其色澤鮮潤，香味濃郁，皮脆肉鬆，入口酥化，特別適合廣州人鹹中帶甜的口味，再加上條子均勻，質量穩定，價格適中，能長期儲存，故一推出即深受廣大顧客的青睞。至二十世紀四〇年代，「八百載」已名揚海內外。

「皇上皇」是「八百載」店主謝柏之弟謝昌於抗戰時期開辦的，位於「八百載」臘味鋪對面。由於比八百載晚涉及臘味行業，又加上資金短缺、產品單一、成本較高等原因，剛開張的皇上皇可說是舉步維艱。後經過謝昌的苦心經營，又推出了自己的拳頭產品，抗戰勝利後，皇上皇已有了巨大發展，成為與「太上皇八百載」齊名的「東昌皇上皇」。

東南地區地處熱帶和亞熱帶，菌種繁殖迅速，為食品的發酵提供了天時之利。

1　劉學增：《臘味淵源八百載》，轉引自《廣州老字號》，廣東人民出版社，2003年。

中國飲食文化史　東南地區卷・下冊

作為全國八大菜系占有其二的粵菜、閩菜，非常注重色澤味，其興起、發展和豐富離不開東南發酵工藝的成熟，利用當地成熟的發酵工藝製成的各式調味品極大增加兩大菜系的原料，豐富了兩大菜系的口味。總之，東南發酵食品是我國食品製造業的輝煌創造，深深影響了中華飲食文化數千年的歷史，對世界飲食文化也作出了傑出的貢獻。

第六節　東南特色飲食民俗

　　民俗作為一種社會群體共有的代代相傳的行為方式，是廣大民眾所創造、享用和傳承的生活文化，是人類文化的重要構成要素。民俗又和當地的環境、物產、文化氛圍和民眾特性等緊密聯繫。東南氣候潮濕炎熱、百姓易生疾病，造就了東南人重食補和食療的食俗；東南物產豐富，檳榔種植僅在東南，造就了東南人鍾情檳榔的特有民俗；東南人務實，重休閒，好美食，又善於創新，造就了東南人特有的賭文化和別樣的茶俗，這正是一方水土養一方人。至清末民國，東南地區原有的特色飲食民俗有了進一步發展。

一、種蔗煮糖，甜蜜綿長

　　東南地區是一個非常適合甘蔗生長的地區，沖積平原、台地和丘陵地區皆可種，而廣東尤甚。明後期，閩粵甘蔗已在國內占有重要地位，甘蔗種植面積、蔗糖產量居全國首位。至清末民初，東南地區甘蔗種植面積已非常普及，很多地方的甘蔗種植已是「連崗接阜」，遠看就像一望無際的蘆葦群；同時，民眾榨蔗製糖的形式非常普及，福建漳州當時已是「家家蔗煮糖」[1]，促使蔗糖產量有了極大的提高。

1　李維鈺：《漳州府志》卷四一《藝文志》，刻本，1878年。

甘蔗的大規模種植，蔗糖的普及，對民眾社會生活、東南菜系的發展、果蔗製品的製作等產生了重要的影響。

❶·啃蔗立蔗，賭蔗鬥柑

甘蔗是東南人喜愛的冬令水果之一，閒暇之餘人們愛啃甘蔗。其原因除了本地方大量產甘蔗外，還因為它對人的身體有裨益。甘蔗含糖量十分豐富，為18%到20%，是人類必須的食用品之一。甘蔗的糖分是由蔗糖、果糖、葡萄糖三種成分構成的，極易被人體吸收利用。同時，甘蔗還含有多量的鐵、鈣、磷、錳、鋅等人體必須的微量元素，其中鐵的含量特別多，每公斤達九毫克，居水果之首，故甘蔗素有「補血果」的美稱。甘蔗還是防病健身的良藥。傳統中醫認為，甘蔗味甘性寒，甘可滋補養血，寒可清熱生津，故有滋養潤燥之功，適用於低血糖症、心臟衰弱、津液不足、咽喉腫痛、大便乾結、虛熱咳嗽等病症。

甘蔗在東南地區中還具有特別的民俗意義，被認為是一種吉祥的食物。在閩南一些地方，每當春節到來之時，大人們就和小孩一起到蔗園中辭舊迎新，祝賀孩子們「過年過節，節節長高」。在臺灣，人們過年時一般要把一棵帶葉的甘蔗立在門旁，意味著家門永遠不會衰落，希望家門節節高昇。有的人家則將兩棵連根帶葉的甘蔗立在門旁，希望來年所計劃的事情像有根有尾的甘蔗一樣，有始有終，順利如意。在福建西部、中部一帶農村，人們喜歡正月開春咬甘蔗，俗稱「咬春」，象徵著今年生活像咬甘蔗一樣，一節比一節甜。在福州，在當年春節的前幾天，新嫁女的人家要挑選兩根用紅紙或紅線捆紮好的粗大的甘蔗當作扁擔，一頭是一籃橘子，另一頭是一盞花燈，送到女婿家，祝願新婚夫妻生活吉祥順利、早生貴子、美滿幸福。甘蔗還是清明祭祖不可缺少的祭物。

「賭蔗鬥柑」是清代廣東地方獨特的民間娛樂，其遊戲規則是：從首至尾一刀破開甘蔗，又一刀從尾至首，不偏一添者贏，即「添粒無差心稱平」，這需犀利的眼力和平靜的心情才能做到。《廣東新語》對此有很好的記載：「廣州兒童，有賭蔗、斗柑之戲。蔗以刀自尾至首破之，不偏一黍，又一破直至蔗首者為勝。柑以核

多為勝。有詠者云：賭蔗鬥柑獨擅場。」道光年間的新寧縣和民國時期的龍山縣的方志中，都有同樣的記載。這反映了「賭蔗鬥柑」這種民間娛樂方式在清朝乃至民國備受當地百姓的歡迎，也從另一個方面說明了廣東甘蔗的普遍及它在人們心中的地位。民國時期「賭蔗鬥柑」的遊戲在臺灣亦開始出現，但普及程度不如廣東。

❷·以蔗製糖，糖果眾多

甘蔗是我國製糖的主要原料。東南蔗糖品種眾多，「濁而黑者為黑片糖，青而黃者為黃片糖」，凝結堅寧、黃白相間的則為冰糖，「其為糖沙者，以漏滴去其水，一清者為赤沙糖，雙清者為白沙糖」，最好的蔗糖顏色雪白，在太陽底下曬上幾天，細若粉雪，銷售於東西二洋，故又稱「洋糖」[1]；福建泉州則有黑砂糖、白砂糖。

東南蔗糖的盛產，也使糖果製品眾多。

根據《廣東新語》記載，明清時期廣東的糖製品有繭糖、糖通、吹糖、糖粒、糖瓜、饗糖、糖磚、芝麻糖、牛皮糖、秀糖、蔥糖、烏糖等。「繭糖」是市肆上常銷售的一種糖，因形狀似繭故名。又叫「窠絲糖」；「糖通」是用蔗糖煉成條子狀而又玲瓏剔透的糖；「吹之使空者」則為「吹糖」；小的實心糖叫「糖粒」，大的叫「糖瓜」；「饗糖」是鑄煉成人物或鳥獸形狀的糖，多用於吉凶之禮，祭祀則用「糖磚」；芝麻糖、牛皮糖、秀糖、蔥糖、烏糖是用來招待客人的常用糖果。這些糖果各地有各地的喜好。「蔥糖」在朝陽一帶盛行，極白無渣，入口酥融，如沃雪一樣極易融化；東莞人喜歡吃「秀糖」，廣州人則喜歡吃「糖通」；「烏糖」則是用黑糖烹製成白色，又用鴨蛋清攪拌，使渣滓上浮菁英下結而成。

廣東還有不少帶有地方獨特性的糖果。如廣東的「糖不甩」，方志作了這樣說明：「餈食為之糖不甩，今東莞以糖謂之名，曰糖不甩者，中亦有餡，以糯米粉和糖為圓形蒸之，有大徑尺者。」[2]又如，赤溪的甜食——「粄」（bǎn）在民國時期流

1　陳伯陶等：《東莞縣志》卷十五《風俗》，鉛印本，養和書局，1927年。

2　陳伯陶等：《東莞縣志》卷十二《方言下》，鉛印本，養和書局，1927年。

傳於廣東各地，「米餌謂之粄，粄屑米餅也。唐以前已有粄之稱矣，今縣俗以粉為年糕，謂之甜粄，鬆糕謂之發粄，又有團子粄，串粄之名。」[1]東莞縣的「糖環」很有特色，用膏油煎炸像古代的粔籹，「以糖為之，故曰糖環。然亦炸以膏油即古之粔籹也」。

廣東人過年喜歡製作甜點，一為過年自家吃，二是用於相互餽贈，從清代至民國初年均如此。光緒年間，花縣貧窮之家過年，用食糖製的白餅當年貨。民國初年，鶴山縣雖貧窮之家，過年時仍能以糖作糕點應節。晚清至民國初年的潮連鄉，糖製的米餅除新年用作拜年外，常年均有食用，可見民眾用糖之普及。用糖製作的廣樂小吃計有白餅、煎堆、片糖、甜糕、春糕、年糕等，這些品種在《廣東新語》中均有記載。用糖製作的食品功能眾多，常用於祭祀、贈送、作年貨、日常食用等。

❸ · 蔗糖入飲饌，婦娠飲薑酒

「粵人飲饌好用糖」。糖性微溫，有潤肺調和脾胃的功效，在食物中加糖，還有防腐去腥的作用。因此，在氣候炎熱潮濕的東南地區，烹調食物多加糖已成習俗。閩臺和潮汕地區烹調多湯汁，調味喜甜、清淡、鮮美，這與北方的乾食，調味喜鹹、辣、濃烈大相逕庭。

東南人愛喝糖水，市鎮有不少店鋪專營糖水。明代崇禎《尤溪縣志》載：「沙糖、糖水，皆竹蔗為之。」糖水品種多樣，有紅豆沙、綠豆沙、眉豆沙、芝麻糊、花生糊、杏仁糊、桂圓湯、湯圓、蓮子百合、菊花雪梨糖水等。有的檔口則專賣竹蔗糖水，當街搾取蔗汁，不少農民在甘蔗成熟時也紛紛效仿，上街搾自家甘蔗為汁以出售。

在廣州人的婚禮上，「蓮子糖水」往往成為酒宴結束前一道不可少的美食。蓮子，寄託著新婦早生貴子，糖水，則寄託著新婚夫婦從此開始甜甜蜜蜜的新生活。

1　王大魯：《赤溪縣志》卷二《方言》，刻本，1926年。

這種食俗延續至今並得到進一步推廣，很多酒店把糖水作為餐宴後送給食客的一道食品，寓意甜蜜如意，它同時還有解酒、和胃、潤喉的作用。

明末清初以來，民間產婦在坐月子期間多要「飲薑酒」。屈大均在《廣東新語》中對薑酒的做法作了翔實記載：「粵俗，凡婦娠，先以老醋煮薑，或以蔗糖芝麻煮，以壇貯之。既產，則以薑醋薦祖餉親戚，婦女之外家亦或以薑酒來助，名曰薑酒之會，故問人生子，輒曰薑酒香未？」薑酒有去風的作用，糖，尤其是煮薑酒的紅糖，有去瘀血、通經脈、除惡露、補充產婦失血的作用，可見薑酒是非常適合作為產婦的保健補品。之後，這種食俗更加普遍。清代吳震方在其《嶺南風物記》對薑酒的製作及其含義也作了相關的詮釋：「粵俗產男曰先以薑酒奉其祖先，隨用甘蔗糖兼醋煮薑片請客及餽送親戚鄰里，故俗人問人云：生男何時請薑酒？探人生男曰：薑酒曾香未？故生男則必具薑酒可知矣。」發展至後來，「飲薑酒」成為生子報喜和請生子酒的代名詞。

❹ · 蔗糖祭灶，糖梅慶婚

東南祭灶常用到蔗糖。臘月廿三、廿四用糖祭灶，但不像全國大多數地區只用飴糖那樣，廣東的祭灶大多既用飴糖也用蔗糖，在產糖區的不少地方，甚至只用蔗糖，且蔗糖製品種類繁多，有糖丸、片糖、糖果、橘糖、甘蔗等，這種現象在方志史料中有具體記載。光緒《九江儒林鄉》卷三五《風俗》：「小年祭灶，用片糖，以米粉作袱包，燔灶疏以送灶神。」民國《遂寧縣志》卷二五《風俗》載：「祀灶，以糖為餅曰灶糖。」民國《潮連鄉志》卷十五《物產》載：「十二月二十三日，為謝灶之期，祭以橘糖、片糖、炒米團等。除夕復祭，謂之接灶」。

東南各地婚俗中基本都要用到糖及甜製品，這點和全國大多數地方一樣。如在下聘禮時，男方給女方下聘的物品一般有餅、糖果、魚、鴨蛋、海味、煙酒等，女方收了聘禮後，即還以「響糖」（是用白糖和些許石膏粉製成，其形有人物、走獸、樓閣、塔等）、「棋子餅」（用白糖和麵粉做成，形狀如棋，故名）和其他衣物等。而「打糖梅」則是流行於廣東大多數地區非常獨特的婚俗，於清末民初流行於廣東

省大部分地區，是婚禮中的一道必經程序。

糖梅，是粵人用蔗糖和當地梅花製作的一種糖果，在廣東一帶有著特定的民俗用途。民間嫁女，無論貧富都必須用它作為嫁妝必備之資，多時要用數十百罌（古代一種容器）。民謠對糖梅作為結婚的陪嫁禮品作了這樣的描述：「亞妹妹，睇著人個邊嫁女，四張銨椅兩張台，糖梅糖欖先頭去，竹絲花轎四人抬。」[1]然後召集親朋好友聚會，叫作「糖梅宴會」。如果有不速之客光臨，則用糖梅打發走，又稱「打糖梅」。糖梅以甜為貴，諺語曰：「糖梅甜，新婦甜，糖梅生子味更甜；糖梅酸，新婦酸，糖梅生子味還酸」。「糖欖」具有和糖梅一樣的民俗用途，「有糖梅必有糖欖」。凡是新婦新進門，夫家妯娌等諸位女子都要唱歌助興，「其歌曰解，解糖梅者詞梅新婦，解糖欖者詞美新郎」。[2]用糖梅歌來讚美新婦，用糖欖歌來讚美新郎，這給新婚喜慶帶來了優雅而歡樂的氣氛，至今廣州人的婚宴仍有一幕吃「和順欖」的食俗。

二、嚼食檳榔，意蘊深遠

檳榔屬棕櫚科植物，常綠喬木，莖基部略膨大，葉長達二米，花有香味，果長橢圓形，可供食用，中國南方及東南亞地區廣泛栽培。東漢時期楊孚的《異物志》就記載了檳榔的嚼食方法，唐宋時期由於東南亞的檳榔大量輸入，使東南不少地方的人們嚼食檳榔成風，開始形成了獨特的檳榔習俗。至清末民國時期，東南嚼食檳榔的人群進一步擴大，並形成了獨具特色的檳榔文化。

❶·閩粵檳榔文化

早在唐宋時期，東南很多地方嗜好檳榔，廣州城「不以貧富長幼男女，自朝至暮，寧不食飯，唯嗜檳榔」；啖檳榔還成為「泉南風物」之一，在泉州人日常生活

1　李炳球輯：《東莞歌謠輯錄》，東莞文史編輯部編：《東莞文史》第三十一期《風俗專輯》，2001年。
2　屈大均：《廣東新語》卷十四《糖梅》，中華書局，1985年。

中占有較重要地位。明清以來東南嚼食檳榔的習俗有了進一步發展，並向周邊地區擴展。王士禎《池北偶談》中記錄《嶺南竹枝》詞曰：「妾家溪口小回塘，茅屋藤扉礦粉牆。記取榕蔭最深處，聞時來過吃檳榔。」東莞檳榔兒歌：「月光光，照地塘。年冊晚，買檳榔。檳榔香，買子薑。」[1]從休閒時吟唱的民歌民謠可以看出吃檳榔的習俗已經深入民間。不同地區的人們有著不同的檳榔食法，廣東廉州、新會及粵西等地嗜好熟檳榔，廣東高州、雷州、陽江、陽春人喜好吃「熟而乾焦連殼」的棗子檳榔；廣州、肇慶人喜食用鹽浸的鹵檳榔；惠州、潮州、東莞、順德人則喜吃乾檳榔。[2]

嶺南人對檳榔的嗜好帶動了檳榔製品的盛行。「檳榔盒」是嶺南人的嗜好品，幾乎每家都有檳榔盒，富人以金銀，貧窮者以錫為小盒，盒上雕嵌有人物花卉，非常精麗。盒分為兩層，上貯灰臍、蔞須、檳榔，下貯蔞葉。[3]檳榔盒是居家的用品，隨身攜帶的是檳榔包。包以龍鬚草織成，寬三寸許，存放著上述的四種物品，富川所織的檳榔包最華貴，金渡村織的次之。出門行走，身不離檳榔包。

檳榔是一種藥材，有止瀉治痢、殺蟲去積等功能，在被喻為「瘴癘之地」的嶺南地區，當地人對檳榔尤為重視，它在人們的日常生活中占有重要地位，是待人接物的貴重物品。屈大均《廣東新語》卷二十五《檳榔》記載：「粵人最重檳榔，以為禮果，款客必先擎進。」除了社會交際方面，檳榔還充當婚慶嫁娶禮俗中的重要禮品，「聘婦者施金染絳以充框實，女子既受檳榔，則終身弗貳」。男方到女家訂婚時要用檳榔作為重要聘禮，女家一旦接受了男方的檳榔，則終身不得嫁給他家。廣東廉州府同樣如此，「不論男女，率挾檳榔而行，交會約婚以檳榔為禮。」[4]檳榔習俗之盛可見一斑。

檳榔還有不少特殊功用。在廣西的靈川縣，凡來參加象徵男子成年的冠禮或女

1　李炳球：《東莞歌謠輯錄》，東莞文史編輯部編：《東莞文史》第三十一期《風俗專輯》，2001年。
2　屈大均：《廣東新語》卷二五《檳榔》，中華書局，1985年。
3　屈大均：《廣東新語》卷十六《檳榔合》，中華書局，1985年。
4　嘉靖《廣東通志》卷二十《民物誌》，廣東省地方志辦公室謄印本，1997年。

子的莝禮時，都要用竹葉裹檳榔為禮，以表祝賀，受禮之人則藉以袖而受之。[1]不僅如此，它還是調解鄰里糾紛的媒介物，在廣東增城縣，「且鄉里有爭執，求人曲直者，亦皆獻以檳榔」。[2]

閩粵居民嚼食檳榔之風氣在明清兩代十分濃厚，但到了民國，檳榔習俗呈現明顯衰減趨勢，近代在少數地方的遺風遺俗中仍可見。據民國時人記載，東莞還有以染紅檳榔當婚嫁聘禮的習俗。婚後，女家還須餽贈一擔檳榔給男家及其親戚，這被稱作「擔檳榔」；新婚滿月，男家則須備一擔檳榔送女家酬謝，名曰「酬檳榔」；甚至在祭祀鬼神中也用檳榔。這些檳榔習俗並不多見，故而被稱作「檳榔遺俗」。[3]

❷·黎族檳榔文化

檳榔是熱帶樹種，為海南島特產。海南栽培檳榔有悠久的歷史，距今一四○○多年梁代的《名醫別錄》就有「檳榔味辛溫……生海南」的記載。海南黎族早就有咀嚼檳榔的習慣，愈嚼愈香，醇味醉入。在黎族人民生活中檳榔具有重要作用，並形成了具有黎族風情的檳榔文化。

（1）醉檳榔　近代黎族人仍保留唐宋以來吃檳榔的食俗，「食時先取檳榔，次蔞須，次蔞葉，再放石灰」。加石灰十分重要，食時檳榔和蔞葉會回甘味。灰有石灰、蜆灰，以烏爺泥製作，食檳榔時汁更紅。[4]吃檳榔不單食它的瓤肉，還要與「扶留葉」（俗稱蔞葉）、灰漿（用蚌灰或石灰調製而成）為作料一起嚼食，即所謂「一口檳榔一口灰」。先將檳榔果切成小片，取灰漿少許放在「扶留葉」上，裹住檳榔片放入口裡慢慢咀嚼。此時口沫變成紅色，再把口沫吐掉而細啖其汁，愈嚼愈香，津津有味，直至臉熱潮紅，謂之「醉檳榔」。

（2）檳榔禮　檳榔是黎族婦女的愛物，家家戶戶都有檳榔盒，每個中老年婦女

1　李繁滋：《靈川縣志》卷四五《禮俗》，石印本，1929年。
2　王思章：《增城縣志》卷十五《風俗》，刻本，1921年。
3　容媛：《東莞遺俗上所用的檳榔》，《民俗》，1929年第43期。
4　周去非：《嶺外代答》卷二五《食檳榔》，中華書局，1985年。

腰間都繫著盛檳榔的小袋子。走親訪友、閒坐在家、鄉間勞動、鄰里閒談等場合，婦女口內總是嚼著檳榔。黎族人愛吃檳榔，把檳榔果作為美好和友誼的象徵，因此把吃檳榔看成了一種接待禮儀，「俗重此物，交接必為先」[1]。如果雙方相遇不贈檳榔，則會導致相互之間的怨恨。黎族人把檳榔視為上等禮品，認為「親客來往非檳榔不為禮」。不論訂婚、娶嫁、蓋房、拜年，甚至平時走家串戶，人們都要贈送檳榔或用檳榔待客。檳榔作為一種物質文化形態，已經內化入黎族人民的精神世界當中，成為衡量好客與否的標準。

（3）「放檳榔」求婚　檳榔不僅在黎族人民日常生活中不可或缺，而且還與婚姻禮儀結合在一起，成為愛情的象徵。黎族人把檳榔作為定親的信物。一旦男方看中某位姑娘，就要向女家送去檳榔果，俗稱「放檳榔」以示求婚。如果女方父母將贈來的檳榔盒打開，並揀一顆檳榔果來嚼，便是答應了婚事，否則便如數退還，表示推辭。清《瓊州府志》載：「媒妁通問之初，潔其檳榔，富者盛以銀盒，至女家非許親不開盒。但於盒中手占一枚，即為定禮。凡女子受聘者，謂之吃某氏檳榔。此俗延及閩廣。」訂婚下定禮時，男方同樣要送檳榔到女家並作為聘禮之一。《文昌縣志》曰：「定婚自少時，謂之『送檳榔』，以納聘兼用檳榔為禮也」。

結婚時，新娘還得請雙方父母和鄉親吃檳榔。《海南島志》亦曰：「島之東西部，婚俗各有不同。（西部女子）及至十五六，男家再備具酒肉、金錢送女家，謂之『押命』，或謂『出檳榔』。是日，男女家均大宴賓客。又有所謂出新婦者，有男家請親屬婦女盛裝往賀女家，女豔妝出，奉檳榔、蔞幾袋。男家親戚受檳榔，給封包一二元，謂之『押彩』……至其東部諸地之婚嫁，男女兩方憑媒說合後，即行出檳榔禮，與西部同，獨無出新婦禮。」檳榔在婚姻過程中逐漸從實物變成一種象徵：不再注重檳榔本身，而是成為一種重要的禮節，可見檳榔在黎族婚姻文化中所占地位之重。

（4）生女種檳榔　黎家婦女在生下女孩時，總要在自家門前種下一株檳榔樹，

1　張岳松：《瓊州府志》卷五，成文出版社影印本，1890年。

到女孩長大出嫁時，這株樹也要隨之挖出，移植到男方家，直到她死後才砍掉，以示其人如檳榔樹一般堅貞不二。在黎族居住區，男子爬上檳榔樹，或在檳榔樹下小便，皆被視為不尊重婦女的表現。

（5）以檳榔為祭品　在海南，人們在祭祀伏波將軍時，亦將檳榔陳於神像前，供神靈享用，以示敬重。[1]

檳榔作為一種食品，在黎族人民的日常生活中是個重要角色，具有積極的社會功能。首先，作為當地一種常見食品，檳榔豐富了人民的物質生活；其次，作為一種具有藥用價值的食品，嚼食檳榔在一定程度上使黎族人們減輕了古代瘴癘肆虐的疾苦；再次，檳榔充當了社會關係和民俗活動的象徵物，對黎族人民的日常生活有著較大的幫助，顯現出深刻的社會內涵。

❸·臺灣檳榔文化

臺灣自古是否有檳榔現無據可考，直到清代有關當地土著和遷臺漢人嚼食檳榔的風俗才有明確歷史記載，清末臺灣嚼食檳榔成風，臺南尤甚。光緒《臺灣通志》記載：「臺之南路，最重檳榔，無論男女，皆日咀嚼不離口」。

（1）齒黑為美　常年嚼食檳榔易使牙齒變黑，這在現代人看來是很不美觀的，也是牙齒不健康的標誌，但在臺灣土著婦女看來卻恰恰相反，「食則齒黑，婦人以此為美觀，乃習俗所尚也」。[2]不少詩歌對臺灣土著以齒黑為美作了很傳神的描述，《臺灣竹枝詞》云：「檳榔何與美人妝？黑齒猶增皓齒光；一望色如春草碧，隔窗遙指是吳娘。」[3]清代黃學明《臺灣吟》：「山花滿插鬢頭光，蠻婦蠻童一樣妝。久嚼檳榔牙齒黑，新成曲糵口脂香。」[4]

（2）檳榔為禮　臺灣把檳榔視為待客的上品，「相逢歧路無他贈，手捧檳榔勸

1　屈大均：《廣東新語》卷二五《木語》，中華書局，1985年。
2　薛紹元：《臺灣通志·產物·草木類》，臺灣文獻叢刊第130種。
3　黃逢昶：《臺灣生熟番紀事》，臺灣省文獻委員會，1997年。
4　高拱乾：《臺灣府志》卷十，臺灣文獻叢刊第65種。

客嘗」。[1]當地人通過檳榔傳達著非常重要的情感信息，用其表現晚輩對長輩的尊重，主人對客人的熱情。雍正《福建通志》載：「全台土俗皆以檳榔為禮。」以檳榔招待賓客，溝通人際關係，正是臺灣檳榔文化中所表現出來的重要文化內涵。高拱乾《臺灣府志》亦稱：「臺灣人有故則奉（檳榔）以為禮。」臺灣土著在招待客人時，檳榔一定要用剛摘下的新鮮檳榔，過夜的絕對不用，對檳榔的挑剔程度如此之高，足見檳榔在當地禮儀民俗方面有著舉足輕重的位置。

（3）愛情信物　檳榔在臺灣土著人眼中是青年男女愛情婚姻的信物，被視為忠貞愛情的象徵，男女之間的愛情通過檳榔而互相傳遞著。清代周鍾瑄《諸羅縣志》記載：「（高山族）男親送檳榔，女受之即私焉，謂之牽手。」清代孫爾准《番社竹枝詞》描述了當時臺灣高山族婚娶用檳榔作聘禮的土風習俗，「檳榔送罷隨手牽，紗帕車螯作聘錢，問到年庚都不省，數來明月幾回圓。」高山族在婚聘多個環節中都使用檳榔。光緒《雲林縣採訪冊》：「訂盟用番銀、紅彩、大餅、檳榔」，完聘後「仍備禮盤、大餅、檳榔」。高山族在婚戀中，以檳榔為媒介，以檳榔為聘禮，以檳榔作應答，以檳榔為愛情忠貞不渝的信物，極致地凸顯出檳榔文化的人文價值和美學意蘊。

（4）解紛法寶　清代以來各地移民紛紛湧入臺灣，移民之間、移民與土著之間難免會發生紛爭，檳榔則充當了「化干戈為玉帛」的角色。在諸羅縣，「閭裡雀角或相詬誶，其大者親鄰置酒解之，小者輒用檳榔，百文之費，而息兩氏一朝之忿」，[2]以致有「解紛惟有送檳榔」之說。這也可說明檳榔在化解矛盾、促進人際和諧方面有特定的功效。

在社會生活中，臺灣土著亦把檳榔當作化解矛盾的催化劑。乾隆年間，臺灣海防同知朱景英曾記錄了當時臺灣吃檳榔的習俗，其中就談到「解紛者彼此送檳榔輒和好」的情景。如發生了紛爭，想和解的一方只要通過送檳榔，即可視為對對方表

1　范咸：《重修臺灣府志》卷二十三，高等教育出版社，2005年。

2　陳夢林：《諸羅縣志》卷八《風俗志》，臺灣經世新報社，1909年。

示誠意。張巡方有詩云：「睚眥（yázì）小念久難忘，牙角頻爭雀鼠傷。一抹腮紅還舊好，解紛惟有送檳榔。」[1]劉家謀《海音詩》曰：「鼠牙雀角各爭強，空費條條誥誡詳；解釋兩家無限恨，不如銀盒捧檳榔。」[2]

三、廣東涼茶，解癘除瘴

❶·廣東涼茶保健一方

涼茶，一般指中草藥植物性飲料的通稱，是指將藥性寒涼和能消解人體內熱的中草藥煎水做飲料喝，以消除夏季人體內的暑氣，或治療冬日乾燥引起的喉嚨疼痛等疾患。涼茶對於廣東人，可以說是「生命源於水，健康源於涼茶」。廣東人熱衷於涼茶和廣東的氣候環境、飲食習慣密切相關。

廣東所處的嶺南地區古代乃瘴癘之地，氣候條件惡劣，「炎陽所積，暑濕所居，蟲蠱之氣，每苦蘊隆而不行。其近山者多燥，近海者多濕」，以致一年當中「風雨燠（yù）寒，罕應其候，其蒸變而為瘴也」，故明清以前一直都列為流放之地，民間也有「少不入粵，老不入川」之說。正因為此，古代在嶺南居住的人們多體弱多病，尤其在夏天，「暑氣鬱勃，有若釜隔，人性其間，苦為炎毒所焮（xìn），暈眩煩渴」，輕則寒熱來往，「是為冷瘴」，重則蘊火深沉，「是為熱瘴」，稍稍延遲一兩天則可能死去，所以來廣東的外人，「飲食起居之際，不可以不慎」。[3]另外嶺南北有南嶺山脈，南則瀕臨南海，緯度又較低，形成獨特的地理環境和氣候條件，使嶺南人由於濕熱鬱積，容易發生筋脈拘急、麻木不仁的疾病。《嶺南中醫》中稱此病為溫病。為防治溫病，生活於此的嶺南人常服用敗火去濕、防暑防痢的中藥。但由於當時的人們生活貧苦，無長期吃藥的條件，好在茶葉比較流行，且價格不貴，於是人

1　董天工：《臺海見聞錄》卷二，臺灣省文獻委員會，1981年。
2　王凱泰：《臺灣雜詠合刻》，臺灣文獻叢刊第028種。
3　屈大均：《廣東新語》卷一《天語》，中華書局．1985年。

們就把茶葉和芝麻、菜葉等一些能去火的食料一起煎服，「能去風濕，解除食積」，療效不錯。[1]

廣東人喜吃海鮮山珍野味，古代烹調方法常用煎、炒、炸、燉、燒、烤等，配料多用薑、蒜、蔥、花椒、八角、豆豉、椒鹽等辛溫燥熱之物，因而疾病以燥熱、濕滯為多見，而涼茶對感冒發燒、燥熱濕滯有較好的功效。

❷·廣東涼茶歷史悠久

廣東涼茶是中國涼茶文化的代表，在嶺南有著悠久的歷史。秦朝，即有方士在廣東羅浮山採藥治病。據光緒《廣州府志》卷二十九載：秦人安期生在羅浮山時，曾經「採潤中菖蒲服之」。菖蒲有開竅化瘀、清熱解毒之效。東晉時期，道學醫藥家葛洪來到嶺南並卒於此。由於當時瘴癘流行，他悉心研究各種中草藥來為當地人治病。葛洪死後所遺下的醫學專著《肘後救卒方》（簡稱《肘後方》）記載了很多治療嶺南熱毒上火及傳染病的藥方，如「老君神明白散」「太乙流金方」「辟天行疫癘方」「虎頭殺鬼方」等。[2]在長期的防治疾病過程中，嶺南勞動人民繼承並進一步擴充了葛洪的草藥方。到了元代，只要碰上旱災、熱災，患者都會到藥房購買清熱解毒的湯藥，當時稱之為「涼藥」。據元代釋繼洪《嶺南衛生方》載：當時嶺南瘴癘成災，患病者都是上熱下寒，不幸者不可勝數，造成不少百姓之家全家臥疾，於是用「生薑附子湯一劑，放冷服之，即日皆醒」。[3]明清之際這些涼藥有了進一步發展而形成了嶺南文化底蘊深厚的涼茶。

❸·「王老吉」涼茶

嶺南歷史最早的涼茶是由廣東鶴山人王澤邦於清道光八年（西元1828年）始創的「王老吉」涼茶。清嘉慶年間，醫師王澤邦（乳名阿吉）得一位道士真傳創製一種藥茶，以崗梅根、山芝麻、金櫻、海金沙藤、金錢草、千層紙、火炭毛、五

1　屈大均：《廣東新語》卷十四《食語》，中華書局，1985年。

2　葛洪：《肘後救卒方》，人民衛生出版社，1956年。

3　釋繼洪：《嶺南衛生方》，中醫古籍出版社，1983年。

指柑、淡竹葉等十種土產草藥煎熬而成，專為普通百姓日常清熱解毒之用。很多人飲用後立見功效，阿吉涼茶很快名聲遠颺。當年欽差大臣林則徐入粵禁煙，服過阿吉涼茶後確見其效，於是派人送來一個刻有「王老吉」三個金字的大銅壺贈給王阿吉。道光八年（西元1828年），王阿吉以「王老吉」為號在廣州十三行靖遠街開設了王老吉涼茶鋪。由於該鋪地處江邊鬧市，過往客商、黃包車伕、搬運工很多，人們花兩枚錢就可買到一碗涼茶來消暑解渴，因而門庭若市，而大銅壺、大葫蘆也由此成為了廣東涼茶鋪的標誌。

　　道光二十八年（西元1848年），王老吉涼茶店開始把涼茶所用的藥料切碎，用紙袋包裝出售，讓顧客帶回家自煎。脫離了「水碗」，王老吉更是「一茶走天涯」，遠銷省內外各地。一直以來，「王老吉」在廣州人的心目中都是有病除病、無恙安身的平安茶。因為它涼而不寒，四季可用；味苦而甘，老少咸宜，是真正的粵中奇寶。當時廣州流傳著這樣一首「王老吉」的歌謠：「落雨大，水浸街，阿哥擔柴上街賣。吾（不是）系呵姐想花戴，細佬（小弟）熱氣要藥解。吾夠派（分配），吾夠賣，好嘢（東西）從來都崇拜。王老吉夥計夠高大，上山採藥跑得快。涼茶快，見效快，一碗落肚就好嘅（了）。人人想飲不奇怪，煲一銅壺隨街派。跑得快，好世界，你採藥，我斬柴。互相不欠錢和債，齊齊搵（wèn）年（賺錢）娶太太。」這首歌謠一方面說明王老吉善於經營，用民間歌謠的形式宣傳自家的涼茶產品，另一方面更說明了王老吉涼茶的神奇功效，否則不會這麼受到大眾的歡迎。清代還流傳著不少關於王老吉涼茶的神奇傳說：林則徐虎門銷煙以王老吉涼茶解毒，洪秀全廣州赴考以王老吉涼茶救命，太平軍天京保衛戰以王老吉涼茶勞軍，慈禧把持朝政以王老吉涼茶益智清神等驚天動地的大事。

　　以後，「廿四味」、鄧老、黃振龍、徐其修、春和堂、金葫蘆、上清飲、安方、健生堂、星群、潤心堂、沙溪、李氏、清心堂、杏林春、寶慶堂、福慶堂、黃福興等廣州老字號涼茶紛紛出現，並在廣州開設自己的涼茶鋪。涼茶的效用促使珠江三角洲地區遍製涼茶及開設涼茶鋪。西元一八九二年源吉蓀在佛山創製了「源吉林甘和茶」，便立即暢銷佛山。它之所以暢銷，一方面是因為其價格比一般的藥品便

宜，而且服用方便，入口甘涼。但更重要的是，它以山茶葉為主要原料，用藿香、連翹、葛根、薄荷等31種藥材製成，對感冒發熱、頭痛骨刺等有一定的療效，且有解渴生津、解暑消食之功而受嶺南人們的喜愛。清朝末年黃匯父子在中山創製了「沙溪涼茶」，並建立了「黃潮善堂」，出售專治感冒暑熱的沙溪涼茶。

❹·廣東涼茶的分類

廣東的每家涼茶店都會有自己保守的藥方，秘不傳人，但主要的藥物都是大同小異。按照不同功效，廣東涼茶主要可分為四類：

第一，清熱解表茶，主要適合內熱、火氣重的人。代表藥材有銀花、菊花、山枝子、黃芩等，適飲於春、夏和秋季。第二，解感茶，主要醫治外感風熱，四時感冒和流感。代表藥材有板藍根等。第三，清熱潤燥茶，此類涼茶尤其適飲於秋季，對於口乾、舌燥、咳嗽有良好的藥用功效。代表藥材有沙參、龍梨葉、冬麥、雪耳等。第四，清熱化濕茶，適用於濕熱氣重、口氣大、面色黃赤等人飲用。代表藥材有銀花、菊花、棉茵陳、土茯苓等。

涼茶具有清熱益氣、滋陰潛陽的功效，但它畢竟是藥，因此要注意因人制宜，不能濫服，更不能作為保健藥長期服用。即使在炎熱的夏季裡，仍有一大部分人是不適宜喝涼茶的，像陽虛體質之人、苦夏之人、月經期和產褥期的女性、兒童和老年人等。

總之，上百年來，廣東涼茶及其林立於廣東的涼茶鋪，形成了嶺南文化一條獨特的風景線。涼茶獨特深厚的文化內涵使其具有持久的擴張力，這是目前世界上任何飲料都無法比擬的優勢。

四、茶樓茶俗，別樣風情

東南地區丘陵遍布，土壤濕潤，溫暖多雨，十分適宜茶樹的生長，很早即為全國的重要產茶區。長期以來，生活在這裡的閩粵人民，形成了濃郁的地方飲茶習

俗。

❶ · 情趣盎然的茶樓風情

廣州人愛喝茶，與閩潮人品茶習俗不同的是，廣州人喝茶喜歡上茶樓。廣州茶樓的興起發展和十三行有著密切的關係。十三行由于洋船靠岸，洋商來此較多，形成外商雲集。當時牙行為代辦關稅、商品購銷等業務而設宴款待外商和其他客人的應酬較多，這就需要找一處乾淨且幽雅的地方。

但當時廣州的茶肆多為環境簡陋的路邊攤鋪，以解飢渴為目的，價廉物美，廣州人又稱為「二釐館」。這樣的茶肆根本不適合來華做生意的那些富裕且又講究情調和衛生的外商，同樣也得不到富裕的十三行行商的喜愛。因此，第一家現代化的茶樓就在廣州十三街誕生，名為「三元樓」，為三層建築，裝飾金碧輝煌，陳設典雅名貴，從低矮的茶肆中脫穎而出，人們稱之為「高樓館」，以區別於過去的「二釐館」。此後，人們開始把茶肆稱為茶樓，把品茗稱為「上茶樓」。

當時的茶樓主要是為洽談生意、交際應酬和其他禮俗往來應用而設。隨形勢的發展，飲茶時興起來，並漸漸改變原來單純喝茶的習俗，飲茶的同時還要配以各式精美的點心和菜餚，由此，飲茶逐漸成為社交禮儀的一種重要方式，茶樓遂變成這種禮儀活動的重要場所。至二十世紀二、三〇年代，廣州興建的茶樓越來越多，高、中、低檔兼備，一般百姓也去得起，於是茶樓真正成為市民和勞工群眾的活動天地。他們一般天明即起，先上茶樓泑上一壺茶，要兩樣點心，權當早餐，所費不多，既可以休息，又可結交朋友，打發空閒時間，深受各界歡迎。一些人習以為常，風雨無阻，成為茶樓的老茶客。飲茶之風從此在廣州大盛，並逐漸擴展到珠江三角洲各城鎮，乃至廣東的其他地方。

隨著人們的不斷需要，新的茶樓不斷出現，如現位於海珠南路的怡香樓和大新路的福如樓。稍後便是陶陶居、天然居、陸羽居、惠如樓等，因多帶有一個「居」字，故廣州人又把茶樓叫作「茶居」。廣州最著名的茶樓有陶陶居、廣州酒家、蓮香樓等。陶陶居始建於清光緒六年（西元1880年），坐落於廣州西關，原名「葡

萄」，更換老闆後改成「陶陶茶居」，從「樂也陶陶」中取意，並特請當時的名人康有為題書「陶陶居」，因而名聲大振，慕名而來者絡繹不絕。這些茶樓從裡到外都頗具特色，走進門，首先呈入眼簾的是寬敞高大的門廳空間和雕樑畫棟的門廳裝飾，大廳高寬，樓梯寬大，大廳內是滿洲花窗的室內間隔，每室鑲有雲石之紅木家具及名人字畫等，帶有古色古香之風味。茶樓每日供應早、中、晚夜茶飯市，為吸引顧客，還常常聘請名伶演唱以增添歡樂氛圍，為此賓客如雲，其中又以早、夜兩市尤為熱鬧，充滿了南國情調。

　　粵菜及其點心小吃的揚名促使廣東茶樓在上海安家落戶。最早在上海開設的廣東茶樓是位於廣東路和河南路口的「同芳居」「怡珍居」等幾家規模較大的茶樓。之後，隨大上海的崛起，廣東茶樓也隨此機遇盛行一時，稱雄上海鬧市。那時，單是由南京路至西藏路這麼短短的一條街上，就有「大三元」「東亞」「新雅」等近10家茶樓，薈萃一處，爭奇鬥豔，生意相當興隆，天天高朋滿座，好不熱鬧，其中尤以「易安居」和「陶陶居」最負盛名。

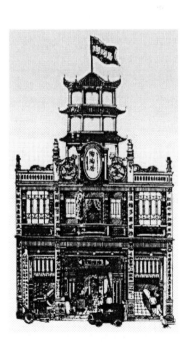

▶圖6-8　20世紀30年代的「陶陶居」茶樓

至今，廣州的茶樓仍然散發出獨特的魅力，成為廣州飲食行業的一大品牌。

❷．閒情逸致的功夫茶

福建民間飲茶風氣濃厚，茶葉用文火煎之，「如啜酒」，閩南鄉村更有「寧可百日無肉，不可一日無茶」之說。從明代中期以後，福建人對飲茶、茶具就非常講究，品茶講究理趣，追求品飲過程中的精神、文化享受，茶具因此而日趨小巧精緻。明清之際閩南地區逐漸形成了自己獨有的飲茶風俗——功夫茶。修撰於清乾隆二十七年（西元1762年）的福建漳州《龍溪縣志》最早記載了功夫茶的品飲程式，茶葉需要「近則遠購武夷茶」，茶壺一定要選「大彬之壺」，茶杯一定要選「若琛之杯」，燒茶的爐子一定要選「大壯之爐」，水以三叉河的水為上。[1]二十多年後，袁枚在《隨園食單・茶・武夷茶》中記載了他於乾隆五十一年（西元1786年）游武夷山時在寺院中的品茶方式，即為後來所說的功夫茶道。隨人員的流動和經濟文化的頻繁交流，功夫茶逐漸在福建普及。

福建「功夫茶藝」，是一門關於沖泡茶和品飲功夫茶的高深技藝，有許多講究，極具功夫，可謂集中國飲茶文化之大成。其一，要求有上等茶葉，如武夷岩茶、鐵觀音或烏龍茶為上品。其二，要求有精緻典雅的茶具、茶杯和水。茶爐、煎水壺、茶壺、茶盞被稱為功夫茶的「四寶」，而茶壺以內壁無上釉為好，茶盞以小巧為佳，水以山泉為上，井水溪水次之。其三，要求煮水必須用炭火，沖泡時必須「高沖低泡」。高沖可以翻動茶葉，使汁味迅速釋出；低泡可使水不走香，不生水泡。其四，要求慢慢品茶，「飲必細啜久咀，否則相為嗤笑」。[2]端起核桃般小巧的茶杯，先盡情領略茶的溫馨香味，而後徐徐將茶啜入嘴喉，再專注品嚐茶的滋味，只覺嘴生甘味，頓感回味無窮，真所謂「茶裡乾坤大，壺中日月長」。徐珂在《清稗類鈔》中有詳細的記載：

「烹治之法，本諸陸羽《茶經》，而器具更精。爐形如截筒，高約一尺二三寸，

1　黃惠、李疇：《乾隆龍溪縣志・風俗篇》，上海書店，2000年。

2　施鴻保：《閩雜記・功夫茶》，鉛字本，1878年。

以細白泥為之。壺出宜興者為最佳，圓體扁腹，努嘴曲柄，大者可受半升許。所用杯蓋，多為花瓷，內外寫山水人物，極工致，類非近代物。爐及壺盤各一，惟杯之數，則視客之多寡。杯小而盤如滿月，有以長方瓷盤置一壺四杯者，且有壺小如拳，杯小如胡桃者。此外，尚有瓦鐺、棕墊、紙扇、竹夾，製皆樸雅，壺、盤與杯舊而佳者。先將泉水注之鐺，用細炭煎之初沸，投茶於壺而沖之，蓋定復遍澆其上，然後斟而細呷之。其餉客也，客至，將啜茶，則取壺，先取涼水漂去茶葉塵沉滓，乃撮茶葉之壺，注滿沸水。既加蓋，乃取沸水徐淋壺上，俟水將滿蓋，覆以巾。久之，始去巾，注茶杯中，奉客。客必銜杯玩味，若飲稍急，主人必怒其不韻也」。從上述描繪中可見，功夫茶對茶具極為講究，泡茶、飲茶有整套的規矩，半點不得馬虎，表現了閩人精細、儒雅、飄逸的風格。

　　廣東潮汕人的祖先來自福建，受福建文化影響極深，品茶同樣是潮汕人的嗜好。隨潮州飲茶之風的盛行和文化的互動，發源於福建的功夫茶在潮州得以興起，《清稗類鈔》載：「閩中盛行功夫茶，粵東亦有之。蓋閩之汀、漳、泉，粵之潮，凡四府也」。清末潮汕經濟崛起和人文風俗的濡染與昇華，使「功夫茶」在潮汕地區得到進一步發展，更趨完美，逐漸成為習尚，「功夫茶」三字也寫成了「工夫茶」。據《清朝野史大觀》所記：「粵之潮州府，功夫茶為最，用長方磁盤，盛壺一杯皿。壺以銅製，或用宜興壺，壺小如拳，杯小如胡桃，茶必用武夷。」潮汕「工夫茶」以和諧、雅緻、精細、情趣為最大特色。

　　和諧，是潮州工夫茶的一種境界。「客來茶當酒」，潮人迎客必以工夫茶，茶煙裊裊，融情洽洽，體現了潮人的好客與熱情。好友相逢，親朋會聚亦必以工夫茶相敬，通過品茗傳達愛心與敬意。在「食、食、食（潮語通飲），請、請、請」的祥和氣氛中，工夫茶架起了溝通心靈的橋樑，營造了交流情感、增進友誼的氣氛。同時，工夫茶在潮汕地區還起著和解的作用。很多民間糾紛通過工夫茶的敬茶和禮讓，平息了怨氣和爭執，對和睦民眾、陶冶品格起著潛移默化的作用。

　　雅緻，是潮州工夫茶的風格。在東南，人們普遍認為潮汕姑娘最具優雅氣質，而潮州工夫茶正體現了這種品位和風格。

工夫茶的用器都宜小不宜大，「小則香氣氤氳」，小巧玲瓏的器具雅氣十足。潮人很注重茶具本身的藝術，所用壺、杯、盤托、爐、茶葉罐都要深寓雅興，觀賞之下意味無窮。茶具和色香味俱佳的名茶相配，更為相得益彰。潮人稱茶壺為沖罐或蘇罐，以宜興紫砂為優，以「小、淺、齊、老」為好，最珍視「孟臣」「鐵畫軒」「秋圃」等製品。茶杯則選用江西景德鎮和潮州楓溪出品的白瓷小杯。要「小、淺、薄、白」，因為「小」能一飲而盡，「淺」使水不留底，「薄」易傳香透味，「白」便賞觀茶色。茶爐用小紅泥爐，爐要放在爐架上，更顯雅觀。

潮州工夫茶講究選茶，所用茶葉一般以福建烏龍茶為上品，其中安溪茶頗受歡迎。「好茶配好水」，潮州人公認：靈山寺唐井、南澳宋井、疊石岩智慧泉、峽山飲鳳泉、西湖處女泉、桑浦山龍泉岩、饒平黃岡涷玉泉為烹茶名泉。

潮州工夫茶講究精細，有些接近了繁瑣和苛求。茶爐要離開壺七步，水要求煮至「蟹眼水」（即煮開的水泡如蟹眼大小），炭火以欖核炭最佳，它能使水產生一種不可名狀的香味。沖茶藝術更是精益求精，它有著一套成熟的程序：

燙杯熱罐：燙杯熱罐是衛生清潔的一個過程，讓杯具保持一定溫度才能品出真味。燙杯是一個頗具技巧的動作，小杯注滿沸水後，拿起一杯置另一杯中，輕轉一輪，即洗潔淨。整個過程，要做到不燙手，杯乾淨，提杯輕。

高沖低斟：提壺向罐沖水時要高，以讓水衝擊茶葉，便於茶葉成分解，開水衝入壺內，必須沿壺口圓圓切入，切忌衝破「茶膽」；向杯中斟水時壺嘴要低，減少濺起泡沫。工夫茶一般只沖四次，「首沖為皮，二三沖為肉，四沖為極」。

刮沫淋蓋：初沖水入壺，壺口會浮現一層白泡沫，巧手把泡沫刮去而不沾茶末，也是十分技巧的功夫。再用開水將壺連蓋淋一下，這既加溫，同時也將壺外雜質清除乾淨。

關公巡城：沖茶入杯要用手腕轉動，在幾個杯子上巡迴旋轉，使得各杯茶濃淡均勻，水色一致。

韓信點兵：沖茶最後，濃茶會點滴落下，這是精華所在，要點點滴滴點到各杯子上。

正是這些精巧的茶藝，使潮州工夫茶獨樹一幟，把中國的茶文化推向了一個藝術新境界。

潮州工夫茶的情趣，在於它濃縮了中國道家的清虛淡泊、無為而治的哲學意蘊，也飽融了禪宗超然物外、自見真如的悟性。這種審美情趣深受文人學士的喜愛並沉醉其中。它展示了一種獨特的生命價值觀和處世哲學。飲工夫茶有清神益思的作用，幾杯落肚，逸興遄飛，加上場景氣氛的烘染，則使文思勃發，詩興頓生，畫意倍增，言之不盡。如果在幽雅的環境中飲品工夫茶，更有出塵脫俗，**飄飄欲仙之感**，這又是一種文人的情趣。

最難得的是工夫茶具能雅俗共賞。在無拘無束的溫馨笑語中，人們可以思緒奔放，暢想交談，沒有像日本茶道作禮儀表演的拘謹和肅穆。在花前月下，樓台幽室，三五知己圍著紅爐香茗，談天說地，品味人生，此樂何極。清末愛國詩人丘逢甲客居潮州時曾寫過潮汕功夫茶的詩：「曲院春風啜茗天，竹壚攬炭手親煎，小砂壺淪新鵁（jiāo）嘴，來試湖山處女泉。」正是這種情趣的生動寫照。

功夫茶可說是中國茶文化的一絕，包含著豐富的內容。既有明倫序、盡禮儀的儒家精神，又有優美茶器和茶藝方式的藝術格調；既講究精神與物質、形式與內容的統一，又體現小中見大、虛實盈虧的哲理，是中華民族對天、地、人三者之間的圓滿、充實、統一的精神追求。

五、佳節美食，喜慶祥和

東南地區重視年節，一年當中的不同佳節有不同的節日食品。這些節日美食寄託著老百姓心中的美好期盼與祝願，它是東南傳統食文化的積澱，是中華民族傳統文化的重要組成部分，有著很重要的民俗意義。

❶．春節

春節是我國民間最隆重、最熱鬧的一個傳統節日，老百姓又俗稱為「過年」。

東南人特別講究過年，各地為了過年都準備著豐富多彩的佳節食品，盛行吃一些特色食品。福州過年盛行吃用燕皮做成的「扁肉燕」。「燕皮」為福州的風味特產，用精肉為原料，經過反覆捶打，並施以糯粉加工而成，薄如紙片。廈門在除夕盛行舂米麥為「糍粿」「餑餑」之屬。泉州迎新年時，習俗常做「炸棗」，圓形，色澤金黃，外脆裡軟，餡香甜可口。海南島人在明代就已常做春餅慶祝新年，民國時期則更普遍。大年初一閩臺盛行吃「線麵」，福州人講究吃線麵時還要配兩個「太平蛋」，寓意福壽綿長、太平如意。莆田、仙遊吃線麵要配菠菜，臺灣則是線麵配芥菜，寓意延年長壽。在閩臺，每逢春節，還製作「紅龜粿」「發粿」等為年糕。紅龜粿，像龜形，外染紅色，打龜甲印。龜長壽，民間把龜看做是長壽的象徵，以吃龜粿象徵延年益壽。

廣州過年盛行「炮穀」、「米花煎堆」和「沙壅」等，炮穀乃「以烈火爆開糯穀」，用作煎堆心餡；「煎堆」以「糯粉為大小圓，入油煎之」，用來餽贈親友；用糯米飯盤結諸花，放入油鍋中煎，即為「米花」；「沙壅」則以糯米粉雜白糖沙，放入豬脂煎製而成。[1]廣西桂平過年則盛行肉粽，「煮粽葉苴糯，雜肉豆其中，大如升，煮一晝夜，取出解葉食之」。[2]

拜年是春節期間最傳統的一種民俗，閩臺地方有客人來拜年時，主人要拿出蜜餞、紅棗、貢糖、瓜子、花生糖、柑橘、檳榔等，泡甜茶，請客人「吃甜」並互說吉祥話祝福。對方如果是老人，就說食甜祝您老康健；對方是年輕婦女，就說食甜祝你生後生（兒子）；對方是商人，則說食甜祝你賺大錢等。拜年時，如果客人攜帶小孩，主人往往贈給小孩紅橘，意味著小孩未來吉祥如意。

❷ · 端午節

端午製粽乃中國的傳統民俗，東南各地紛紛推出有自己特色的粽子並互相贈送。福建將樂縣有俗語稱：「斗米粽，家家送。」福州粽子種類繁多，有九子粽、百

1　李調元：《粵東筆記·食物》，上海廣益書局，1917年。

2　黃占梅：《桂平縣志》卷六，鉛印本，1920年。

索粽、筒粽、秤錘粽等。[1]閩東山鄉畬民則製出很有特色的橫式粽子，稱作「橫巴」，「未亦糯，而鹼獨佳，故質柔韌、較尋常的角式者更可口，」俗稱「畬婆粽」，親朋好友之間，相互用來饋送。[2]泉州粽子非常有名，主要有肉粽、鹼粽和豆粽等，「肉粽」是泉州具有悠久歷史的傳統風味小吃，選料考究，製作精細，以肉嫩不膩味香鮮美而聞名。「鹼粽」是在糯米中加入鹼液蒸熟而成，具有黏、軟、滑的特色，冰透後蘸些蜂蜜或糖漿尤為可口。「豆粽」盛行於泉州一帶，用豆子加少許鹽，再配上糯米裹成，蒸熟後豆香撲鼻。福建漳平過端午節還有包「假粽」和「乖粽」的習俗。「假粽」即是把穀皮用竹葉包好送到屋外去，美其名曰送蚊送蟲，據說可以避免蟲蚊的叮咬，「乖粽」則是專門包給小孩子吃的，據說小孩吃了後便會變乖，很聽話。這種做法雖然欠缺科學依據，但寄託了百姓的良好期望。

廣東粽子以肇慶產最為有名。肇慶粽子又叫「裹蒸粽」，有三大特點：其一，一般粽子用竹葉包製，呈四面三角形，而肇慶裹蒸粽用肇慶特產柊葉包製，呈枕頭狀或四角山包形；其二，主要原料除糯米外，還要加綠豆和肥豬肉；其三，耐保存。裹蒸粽要置於大鍋中用猛火蒸煮八小時，熟後的糯米呈碧綠色，散發出柊葉特有的清香。據說用柊葉包的粽子耐於保存，掛於屋內通風處可以半個月也不變餿，這是用其他葉包裹粽子無法做到的。《廣東新語》載：「有柊葉者，狀如芭蕉葉，濕時以裹角黍，乾以包苴物，封缸口。蓋南方地性熱，物易腐敗，惟柊葉藏之，可持久，即入土十年不壞」。

廣東中山的「蘆兜粽」也很有特點，粗如手臂，呈圓棒形，配料也分甜、鹹兩種。「甜粽」由蓮蓉、豆沙、栗蓉、棗泥包裹而成，「鹹粽」由鹹肉、燒雞、蛋黃、甘貝、冬菇、綠豆、叉燒等包裹而成。廣西南寧「大肉粽」以大聞名全國，每隻重約兩斤，用肥豬肉、綠豆為餡，做好的粽子清香、軟糯、甘潤、膏腴不膩。無名詩人這樣形容：「香腴體態豐，細膩如脂凝。肉粽巨無霸，名頭冠綠城」。

1　乾隆《福州府志・風俗》，海風出版社，2007年。

2　劉以臧：《霞浦縣志》卷八《風俗》，鉛字本，1929年。

❸ · 中秋節

月餅是中國人過中秋佳節的必備食品，東南人也不例外。福建月餅種類繁多，用料考究，製作精巧，講究藝術性。早在清代，其所製月餅「圓大尺許，厚徑寸，高起皆蟾輪桂殿，兔杵人立，或吳質（即吳剛）倚樹，或嫦娥竊藥，精緻奪目」[1]，到民國更是異彩紛呈，僅在用料上有蓮蓉、豆沙、蛋黃、火腿等一二十種。東南鄉村農家亦有土生土長的自製月餅，臺灣也不例外。臺灣《葛瑪蘭志略》曰：「中秋，製糖麵為月餅，號『中秋餅』，居家祀神，配以香茗。」製好的月餅不僅家用，而且用來祭神，有著重要的民俗意義。

廣式月餅是中國月餅的佼佼者，以製作精細、品種繁多而著稱，盛行於兩廣、海南等地區，並隨華僑流傳至東南亞。早在清末，廣式月餅已名聲在外。發展至民國，工藝有了更大進步，其選料考究，做工精細，以糖漿麵作皮，皮薄鬆軟，色澤金黃，外觀油亮，花紋清晰，造型大方，可貯藏二十天不壞，有名的月餅生產廠家主要有「蓮香樓」「陶陶居」「惠如樓」「趣香酒家」「廣州酒家」「泮溪酒家」等。品種有蛋黃蓮蓉月、蓮蓉月、上甜肉月、豆蓉月、果子月、五仁鹹肉月、五仁甜肉月、蛋黃燒雞月、叉燒月、豆沙月等，其中以蓮蓉餡最為有名，蓮蓉餡又以廣州十甫路蓮香樓製作的蓮蓉月餅為上品。

用蓮蓉作月餅餡料，起源於光緒年間廣州西關一家專門生產糕點的「糕酥館」。當時該館一位老製餅師傅偶然由喝蓮子糖水而想到利用蓮子來製作糕點餡料，經過多次試驗，終於研製出色澤金黃、糯滑清香的蓮蓉餡。為保證蓮蓉餡料的質量，該店精選當年產的湘蓮作原料。由於製作講究，生意日漸興隆，聲名遠颺，後來蓮蓉餡成為其他月餅廠家爭相採用的重要餡料。

「蓮香樓」開辦於光緒十五年（西元1889年），起先是以經營包辦筵席為主，光緒二十八年（西元1902年），改名蓮香樓後，重點發展中式點心和餅食，通過長期的實踐，創製出自己特色的蓮蓉月餅。蓮蓉月餅精選洞庭湖、鄱陽湖等地蓮子，

1　陳瑛：《海澄縣志》卷十五《歲時》，刻本，1762年。

通過精細加工而成，造型精緻，色澤金黃，油光閃閃，吃起來香甜不膩。蓮蓉月餅一經推出，便風靡廣州，深受大眾喜愛，後成為華僑回國必買的月餅。隨著生意的擴大，蓮香樓生產的月餅達二十多種，有純正蓮蓉、蛋黃蓮蓉、雙黃蓮蓉、三黃蓮蓉、四黃蓮蓉、欖仁蓮蓉等。

臺灣中秋還有「中秋戲餅」的習俗，稱「博狀元餅」。《重修福建臺灣府志》卷六《歲時》載：「製大月餅。名為『中秋餅』，朱書『元』字，擲四紅奪之，取『秋闈（秋試）奪元』之兆。」遊戲時，先把月餅由大到小分為狀元、榜眼、探花、會元、進士、舉人、秀才、貢生、童生等各種等級，然後用紅紙按月餅的大小順序貼上名稱，四五人為一組。遊戲時，每人輪流用骰子六顆擲入碗中，各視其點數，奪其所定科名高低之月餅。

❹ · 重陽節

重陽節又稱「老人節」，東南民間有在此日吃重陽糕的習俗，且由來很久。東南重陽節糕點品種眾多，像福建建陽縣重陽日用紅薯蕷、粳米製成的「紅薯糕」，霞浦縣有「甜糕」、「鹹糕」等，臺灣人普遍吃「春麻粢」，而福州則盛行「九重糕」（又稱「九重粿」）。民國《閩侯縣志》卷二二《風俗·歲時》曰：重陽節食九重粿，上面插小旗。九重粿共九層，每層相連又可以一一掀開，符合重九之意。重陽吃糕，原因是「糕」與「高」同音，民間認為當天吃糕，意味萬事皆高。早在明朝，謝肇淛引呂公忌的話說：「九月天明時，以片糕搭兒女頭額，更祝曰，願兒百事俱高。」[1]

❺ · 冬至

冬至乃重要節氣，民間有「冬至大過年」之說，東南地區尤其重視。福建臺灣許多地方稱冬至為「亞歲」，這天往往需要「各祭其祠，米為圓」，又稱「添歲」。[2]

1　謝肇淛：《五雜俎·人部》，上海書店出版社，2009年。

2　周凱：《廈門志》卷十五《歲時》，玉屏書院刊本，1839年。

「搓圓」是閩臺冬至最濃重的民俗活動。冬至前夜，在大堂設一條長几，點香燃燭，「男女圍坐，作粉團，謂之『搓圓』」。[1]冬至搓圓象徵全家和氣團圓。民國《連江縣志》卷一九《禮俗》曰：「冬至前一夜，搓粉米為圓，取團圓之義。」冬至所搓之圓有大有小。煮熟後的大圓一般用伴有糖的豆粉蘸著吃，小圓則一般與紅糖、生薑一起放入水中煮熟吃。搓圓時人們還喜歡把米粉捏成一些吉祥物，如捏成公雞、山羊象徵萬事如意，捏成鯉魚意味年年有餘，捏成蝙蝠、鹿、壽桃，意思是福、祿、壽等。

至於其他節日的應節食品同樣很有特色，如同安縣上元日的「春餅」，連江縣立夏日用韭菜和米漿煎成的「夏粿」等。

❻．東南特色節日美食

東南地區還有許多極富地方特色的節日美食，歲時年節異彩紛呈。

福建以種植水稻為主，有許多以米為原料的特色節日食品，如廈門「燒肉粽」、閩南一帶的「石獅甜粿」，福州市的「白八粿」、閩西的「簽粑」等。還有福州的肉鬆和澄海的「豬頭粽」，乃東南名特食品之一。澄海名產豬頭粽並非粽子，它以豬的頭肉、腿肉為主料而製成，分大小兩種。大的鬆脆，小的鬆軟，各具特色。製作方法非常講究，先選取上等頭肉、精肉配以香料，滷製一段時間後去掉脂肪，用腐皮包好，外再包以細苧布，放入長方形的模具中，壓製之後撤去木模即為成品。其色棕褐帶黃，粗的褐中有白，香味色彩均好。吃時切成極薄的長方形小片。澄海的「山合」、樟林的「喜列」、蓮陽的「老雷」都是自清代以來一直營業的老店，老店所產的豬頭粽最為有名。

「燒豬」是南粵美食一絕，在喜慶宴會、迎神祭禮、清明祭祖、龍舟競渡等活動中，都離不開燒豬這道美食，而燒豬中又以「燒乳豬」最為名貴。

在廣州象崗南越王墓中出土有燒乳豬的銅製盤爐，證實了早在2200年前燒乳豬

---

1 施鴻保：《閩雜記》卷一《搓圓》，鉛印本，1878年。

已是南越國宮廷中的名菜。以後燒乳豬的製法在不斷改進，北魏賈思勰《齊民要術》已有了燒乳豬的記錄，發展到明清時期燒豬美食已傳遍祖國大地，烹製技術日趨精湛，然而內地的燒豬總沒有廣東那樣大紅，它長盛不衰地發展並在清末民國時期進入了鼎盛階段。

南越大地的城鄉小鎮，在燒臘店和酒樓食肆中都會懸掛著整隻燒豬，以廣招來客，並美其名曰「金豬」，取其脆皮若黃金的富貴意頭，粵人更以其紅皮赤壯，作為健康祥瑞、鴻運當頭的象徵，故這道吉祥美食特別走紅。《廣州土俗竹枝詞》形象地描述了廣州人對燒豬美食的喜愛：「人情嫌簡不嫌虛，土俗民風不可除。不論冠婚與喪祭，禮儀第一用燒豬」。

清末民初製作燒豬的名店層出不窮，其中馳名省港澳的百年老字號廣州的「孔旺記」燒豬最為著名，孔旺記脆皮乳豬是燒豬中的絕品，豬肉薄脆肉酥，入口香盈，皮有化融之感，油而不膩，故孔記享有「廣州乳豬第一家」的盛名。孔旺記燒乳豬以斷奶不久的小豬為原料，先以大米餵養一段時間作肌體清理，屠宰後去除內臟，把豬皮用蜜製上料脆過，抹上蜜糖，然後在明炭火上轉動燒烤而成，乳豬燒成紅潤清亮，帶鏡面般的光亮，故稱「玻璃皮」。後至二十世紀八○年代，不少名店改進傳統工藝，創製了「麻皮乳豬」的新品種，形成了光皮和麻皮的兩大流派。

在廣州、香港、澳門的高級酒樓，宴客時少不了燒乳豬這道名菜，上桌時先是全豬捧上，這既是秀色可餐作香欣賞，又以示盛情隆重，然後再分兩次上席。第一次上席把豬皮切成32片，片片矩形配以白糖、千層餅、酸菜、蔥球、甜醬等配料佐食；第二次上席則把片皮後餘下的肉肴切成片塊，砌成豬形，供客賞食。整個吃燒豬的過程從皮到肉有序遞進，給人已漸入佳境，滋味層出的感覺。

廣東等地每年的清明掃墓，多以燒豬祭祖，拜祭之後常常有一個分燒肉的習慣，宗族中每個男丁都會分到一份拜太公的祭肉，這塊燒肉是承蔭先祖福分的象徵。它是在一派祥和和崇敬的氣氛中進行的，分肉者必推家族中德高望重的長者。一塊燒肉寄託著祖宗保佑子孫後代的情愫，也起著敦和家族，團結相親的作用。

在珠江三角洲地區的婚禮上，上燒豬是必不可少的禮俗。在婚後三天新娘回門

時，新郎家必以燒豬作禮品奉上。於是燒豬頭數的多少，製作是否上乘，成為新郎家地位身分的重要象徵，即便是尋常百姓之家也必備一隻燒豬，置放於禮桌之上，並隨著其他嫁妝列隊巡行，讓路人觀賞評說。

傳統節日是中國傳統文化的重要組成部分。為慶賀節日，東南地區產生了許多富有地方特色的佳節食品，極大豐富了東南地區的飲食文化；有的食品還賦予了一定的民俗含義，充分表達了東南人們對美好生活的嚮往。

第七節　東南地區的飲食詩詞及文獻著作

一、東南食苑詩詞美

東南地區山清水秀，資源豐富，飲食講究，富有特色，生活其中的東南文人對家鄉的飲食風情有著極深的眷戀，寫下了很多讚美的詩篇。他們吟詠家鄉的荔枝、檳榔、海鮮、名茶，謳歌家鄉淳樸的民風。獨特的飲食風貌，又給入粵的名人以極其深刻的印象，這種新奇之感，幻化為文人筆下的絢麗詩篇。現擷取一些飲食詩文（節選），從中可窺見東南文人筆下色彩斑斕的飲食文化。

❶·詠海鮮

韓愈曾貶官至潮州，在潮州生活期間耳聞目睹嶺南人奇特的飲食習俗，有感而發寫下一些詩，流存甚遠。下面的這首詩歌既記載了當時潮汕人民的日常菜餚主要以海鮮為主，如鱟魚、生蠔、蒲魚、蛤等，也記錄了潮汕人的烹調口味，喜鹹與酸，同時以椒和橙作香料，烹調風味獨特。

《初南食·貽元十八協律》　韓愈

鱟實如惠文，骨眼相負行。蠔相粘為山，百十各自生。蒲魚尾如蛇，口眼不相營。蛤即是蝦蟆，同實浪異名。章舉馬甲柱，斗以怪自呈。其餘數十種，莫不可嘆驚。

我來御魑魅，自宜味南烹。調以鹹與酸，芼以椒與橙。腥臊始發越，嘴吞面汗騂。唯蛇舊所識，實憚口眼猙。開籠聽其去，鬱屈尚不平。賣爾非我罪，不屠豈非情？不祈靈珠報，幸無嫌怨並。聊歌以記之，又以告同行。

（乾隆《潮州府志》卷四二）

嶺南飲食以海鮮河味為特色，宋代著名詩人楊萬里到嶺南後，見識到並品嚐了眾多海鮮，有感而發寫下了這幾首詩。

《食車螯》　　　楊萬里

珠宮新沐淨瓊沙，石鼎初燃瀹井花。紫殼旋轉開微滴，玉膚莫熟要鳴牙。
振挹金線成雙美，薑蘗糟丘並一家。老子宿醒無解處，半杯羹後半甌茶。

《食蠣房》　　　楊萬里

蓬山側畔屹蠔山，杯玉深藏萬岳間。也被酒徒勾引著，薦他尊俎解他顏。

《食蛤蜊米脯羹》　　　楊萬里

傾來百顆恰盈奩，剝作杯羹未屬灰。莫遣下鹽倭正味，不曾著蜜若為甜。
雪楷玉質全身瑩，金緣冰鈿半縷纖。更淅香秔秫抗輕糝卻，發揮風韻十分添。

（《誠齋集》卷十八《南海集》）

❷・詠荔枝

宋代著名文豪蘇東坡曾被貶惠州、海南等地，留下了不少有關嶺南飲食的著名詩篇。荔枝是嶺南的著名佳果，味美色麗，味道極佳。蘇軾有一次在惠州太守家品嚐了上等荔枝後，激起雅趣，隨即賦詩，詩中「日啖荔枝三百顆，不辭長作嶺南人」成為千古名句。正因為荔枝佳果的盛名，唐玄宗命人為心愛的楊貴妃不遠千里急送南方荔枝至長安，從而帶給後人太多的感嘆。對此，蘇軾感悟頗深。

《食荔枝》　　　蘇軾

羅浮山下四時春，盧橘楊梅次第新。日啖荔枝三百顆，不辭長作嶺南人。

（《蘇東坡全集》卷二十）

《荔枝嘆》　　　蘇軾

十里一置飛塵灰，五里一堠兵火催。顛坑僕谷相枕藉，知是荔枝龍眼來。

飛車跨山鶻橫海，風枝露葉如新采。宮中美人一破顏，驚塵濺血流千載。

永元荔枝朱交州，天寶歲貢取之涪。至今欲食林甫肉，無人舉觴酹伯游。

我願天公憐赤子，莫生尤物為瘡痏。雨順風調百穀登，民不飢寒為上瑞。

君不見武夷溪邊粟粒芽，前丁後蔡相籠加。爭新買寵各出意，今年斗品充官茶。

吾君所乏豈此物，致養口體何陋耶！洛陽相君忠孝家，可憐亦進姚黃花。

（《蘇東坡全集》續集卷十二二）

增城荔枝向來出名，而沙貝荔枝尤為有名。每年端午是荔枝成熟的季節，沙貝市場上的荔枝堆得像山一般高。然而荔枝名品「掛綠」卻少人知曉，賈人只知販運「狀元紅」「小華山」之類的品種，即所謂「尚書懷」也。其實「掛綠」「玉欄」「金井」乃荔枝中的珍品，「夜光無價」，並非用金錢可以買到。作為廣東人，屈大均對此有很到位的記述。

《荔枝》二首　　　屈大均

其一

端陽是處子離離，火齊如山入市時。一樹增城名掛綠，冰融雪沃少人知。

其二

六月增城百品佳，居人只販尚書懷。玉欄金升殊無價，換盡蠻娘翡翠釵。

（屈大均《廣東新語·荔枝》）

「新蟬叫，荔枝熟。」荔枝和龍眼都是東南地區的特產。明清時期廣東荔枝、龍眼種植更為普遍，文人騷客吟詠荔枝、龍眼的詩歌更是不勝枚舉。下面這幾首詩描摹了廣東人種植、銷售荔枝和龍眼的盛況及對荔枝、龍眼的喜愛。

《嶺南荔枝詞》　　　譚瑩

粟米香瓜並熟時，村南村北子離離。兒童共唱新蟬叫，四月街頭賣荔枝。

廣州東去是增城，土潤沙高潮亦平。家種荔枝三百樹，年年簫鼓慶豐年。

（《樂志堂詩集》卷十）

《食荔枝》　　　陳王巘

顆顆勻圓裹絳囊，銀盤小浸玉肌香。偏憐一騎紅塵夢，憔悴風前十八娘。

（《潮州詩萃》乙編卷八）

《詠龍眼》　　　李孔修

封皮釀蜜水晶寒，入口香生露未乾。本與荔枝同一味，當時何不進長安。

（《粵東詩海》卷十六）

❸ · 詠檳榔

對檳榔，黎族人懷有深厚感情。屈大均是明末清初的著名詩人，嶺南三大家之一，他寫的竹枝詞《檳榔》同樣別開新意。

《檳榔》　　　屈大均

日食檳榔口不空，南人口讓北人紅，灰多葉少如相等，管取胭脂個個同。

（《廣東新語》卷二十五《檳榔》）

中國明代著名戲劇家、文學家湯顯祖被貶雷州時留下了這首詩，它印證了雷州在明代即盛產檳榔。

《檳榔詩》　　　湯顯祖

熒熒煙海深，日照無枝林。含胎細花出，繁霜清夏沉。千林蔭高暑，
忙扇秋蕭森。上有垂房子，離離隱飛禽。露乳青圓滋，霜甀紅熟禁。
墮地兩漿裂，登梯遙遠陰。落爪瑩膚理，著齒寒侵尋。風味自所了，
微醨何不任。徘徊贈珍惜，消此瘴鄉心。

❹ · 特產與民俗

嶺南多產芋，當地人多以此為食糧。蘇軾貶至惠州期間過訪好友吳復古。吳復古告訴他當地燒芋的方法，並親自動手燒好給蘇軾品嚐，於是蘇軾寫下此詩，從中亦見燒芋頭是嶺南人民喜愛的食品。

《食燒芋戲作》　　　　蘇軾

松風溜溜作春寒，伴我飢腸響夜闌。牛糞火中燒芋子，山人更食懶殘殘。

（《蘇軾詩集·補編》卷四十八）

宋代福建盛產美酒，福建人亦愛喝酒。詩人陳藻從建剛去福州，沿途看見許多酒店，店前酒旗高高飄揚。坐在那裡既可飲酒，又可欣賞山光水色，令人暫時消除了奔波的疲勞。

《道中酒壚》　　　　陳藻

千林事榭犧旗揚，收盡山光與水光。風揚到來城郭鬧，杖頭隨處去休忙。

（《全宋詩》卷2667）

李調元，四川人，清代戲曲理論家，詩人，這是作者在乾隆年間曾任廣東學政時所見到的當地食俗。

《南海竹枝詞》　　　　李調元

櫻桃黃頰鱖尤美，刮鑊鳴時雪片輕。每到九江潮落後，南人頓頓食魚生。

陳坤，錢塘人，清末署廣東海陽縣令，著有《嶺南雜事詩鈔》等。

廣東惠州等處喜歡把各種食物放在一起烹飪，稱曰「骨董羹」，菜餚熟後香氣四溢，風味獨特；粵東近海，海鮮豐富，當地人嗜食魚，而且烹製方式多樣；佛山一盲人製作的盲公餅，由於口味好而受當地人喜食，相傳至今。陳坤的《嶺南雜事詩鈔》三首，分別描述了「骨董羹」、肥魚美饌和盲公餅。

《嶺南雜事詩鈔》三首　　　陳坤

其一

食無下箸費千錢，骨董羹香勝綺筵。何事矯揉徒造作，別饒風味是天然。

其二

海國深秋水族增，盤飧風味話良朋。肥魚斫膾多腴美，何必蒪鱸感季鷹。

其三

適人口腹動人深，僥倖浮名盛至今。一餅精粗猶辨為，誠然盲目不盲心。

杏岑果爾敏，滿族人，清同治年間任廣州漢軍副都統。這是作者在廣州任職期間所見到的廣州民間喜吃耗子肉、狗肉的飲食習俗；流露出作者的不忍與擔憂。

《耗子肉》　　　杏岑果爾敏

風乾耗子肉通紅，高掛簷邊為過風。寄語家貓休竊取，野貓留著打饞蟲。

《賣狗肉》

是誰遺孽不堪論，狗肉蒸來任客吞。卻似太平臻上治，月明無犬吠花村。

（《廣州土俗竹枝詞》）

廣州竹枝詞中寫飲食的佳作不少，這裡擷取的幾首很有嶺南的特色。後四首的作者都是清代人。

第一首，讚美廣州西關「萬棧臘味店」獨制的掛爐燒鴨美食，言明北京米市「便宜坊」生產的掛爐鴨異常肥大，而萬棧的烤鴨卻以瘦見長；

第二首，介紹嶺南四季的主要飲食品種；

第三首，描述了近代廣州茶樓的豪華與興盛；

第四首，記述陳塘和長堤是廣州飲食業最興旺之處；

第五首，敘述了「北園酒樓」的前身「寶漢茶寮」的歷史，這裡出土有南漢馬氏廿四娘買地券的石刻。

《竹枝詞》五首

其一　　　　鬍子晉

掛爐烤鴨美而香，卻勝燒鵝説古岡。燕瘦環肥各佳妙，君休偏重便宜坊。

其二　　　　蓮舸

響螺脆不及蠔鮮，最好嘉魚二月天，冬至魚生夏至狗，一年佳期味幾登。

其三　　　　銓伯

米珠薪桂了無驚，裝飾奢華飲食精，絕似昇平歌舞日，茶樓處處管弦聲。

其四　　　　梁仲鮮

豔幟高張東復西，陳塘宴罷續長堤，花筵捐重曾無吝，知否人家啖粥藜。

其五　　　　鄧絢裳

寶漢名寮小北張，寶朋從此樂壺觴，肥魚大酒朝朝醉，誰莫芳魂廿四娘。

　　鬍子晉，民國時期南海人，一九二二年曾任新疆實業廳長，此詩是作者對家鄉美食的讚歎。佛山三品樓乳鴿、豬頭肉、蒸雞等美食風味各異，又有柱侯手藝相傳。

《廣州竹枝詞》　　　　鬍子晉

佛山風趣即村鄉，三品樓頭鴿肉香。聽説柱侯傳秘訣，半緣豉味獨甘芳。

　　潮州菜風味清淡鮮美，講究湯水，普通人家日常飯食常為一菜一湯或兩菜一湯，招待客人則是「四盤兩碗」，即四菜兩湯。為此，潮汕女性一般都善於作湯，也愛煲湯。詩中的「西施舌」是潮州海味名產，它説明了用海鮮作湯是潮州飲食的一大特色。

《潮州竹枝詞》　　　　丘京

十八女兒喚妹娘，潮紗裁剪試衣裳。儂心偏愛西施舌，洗手臨廚自作湯。

　　下面的這首兒歌生動活潑，在珠江三角洲一帶頗為流傳。它以媳婦自嘆的形式

上道出了家庭艱難的飲食生活，是舊社會勞動人民生活的生動寫照。家貧乏物難為炊，又加上眾口難調，難為了主持家務的媳婦。

《東莞兒歌》

禾祿仔（指柚子），磢崩邊（跌開兩邊），做人「新抱」（媳婦）每多言！

早早起身洗淨面，每被家婆踏灶邊，踏得灶邊多打鬧，眼汁流乾誰可憐！

台頭有個冬瓜仔，問娘先式（怎樣）煮瓜湯，煮起瓜湯北北淡（淡然無味），

手甲挑鹽又話鹹，雙手捧鹽又話淡。鹹魚條條數過數，豆角條條過數雙，

米塔面頭打手印，油罌畫出牡丹花。

（《東莞文史》第三十一期《東莞歌謠輯錄》）

❺ · 詠茶

晚唐廣州人鄭愚所作的這首茶詩，是一首難得的品茗佳作。描繪了雪夜品茶的高雅意趣，從中我們看到時人飲茶要把茶葉在臼中搗爛，對著爐火烹茶。其茶道頗覺精細，綠花生一句點出了品嚐的是綠茶。

《茶詩》　　　鄭愚

嫩芽香且靈，吾謂草中英。

夜臼利煙搗，寒爐對雪烹。

惟憂碧粉散，嘗見綠花生。

（《全唐詩》卷597）

「鬥茶」，亦稱「茗戰」，或稱「比茶」，具體內容有點茶、試茶，以品評茶質高低而分輸贏。范仲淹《和章岷從事鬥茶歌》寫出了宋代閩北鬥茶的盛況。

《和章岷從事鬥茶歌》（節選）　　　范仲淹

鬥茶味兮輕醍醐，鬥茶香兮薄蘭芷。

其間品第胡能欺，十目視而十手指。

勝若登仙不可攀，輸同降將無窮恥。

「分茶」是一種技巧高超的茶遊戲，玩者用沸水沖茶末，憑技巧使茶乳變幻成圖形字跡或花鳥人獸等形象，又稱「茶百戲」。楊萬里的這首詩生動地描繪了宋代福建僧人分茶的情景。沖茶時，茶與水交融，湯紋水脈變換成各種圖像，呈現出奇異變幻之狀，飄飄絮絮，似仙女散花，似長空落日，似美麗銀屏，似玄妙之字，無限精彩。

《澹庵座上觀顯上人分茶》（節選）　　楊萬里

分茶何似煎茶好，煎茶不似分茶巧。蒸水老禪弄泉手，隆興元春新玉爪。

二者相遭兔甌面，怪怪奇奇真善幻。紛如擘絮行太空，影落寒江能萬變。

銀瓶首下仍尻高，注湯作字勢嫖姚。

宋代建安成為著名的茶葉生產地，貢茶多出自於此。對此，建安人熊蕃撰寫的《宣和北苑貢茶錄》詳細地描述了建安人採茶的盛況及貢茶的盛名。

《宣和北苑貢茶錄》詩四首　　　熊蕃

雪腴貢使手親調，旋放春天採玉條。伐鼓危亭驚曉夢，嘯呼齊上苑東橋。

采采東方尚未明，玉芽同獲見心誠。詩歌一曲青山裡，便是東風陌上聲。

修貢年年采萬株，只今勝雪與初殊。宣和殿裡春風好，喜動天顏是玉腴。

外台慶歷有仙官，龍鳳繞間製小團。爭得似今模寸璧，春風第一焉宸餐。

安溪茶以價廉質好而暢銷海內外，當地詩人有歌稱頌。阮旻錫的這首詩先敘述了安溪優越的種茶環境及安溪茶葉的外銷情況。然後闡述由於武夷茶葉暢銷海外，為此安溪人運用自己的智慧，按照武夷岩茶的製作方法，製作出具有自己特色的安溪茶。

《安溪茶歌》（節選）　　　阮旻錫

安溪之山鬱嵯峨，其陰長濕生叢茶。居人清明采嫩葉，為價甚賤供萬家。

邇來武夷漳人制，紫白二毫粟粒芽。西洋番舶歲來買，工錢不論憑官牙。

溪邊遂仿岩茶樣，先炒後焙不爭差。

（陳敬仁、龔顯增，《溫陵詩紀》卷二，阮旻錫《安溪茶歌》，光緒元年刻本）

採茶歌是民間採茶時愛唱的歌曲，這首民歌反映了採茶與農耕的矛盾，詞意清純親切，朗朗上口，是嶺南民歌的代表之作。

《採茶歌》

二月採茶茶發芽，姊妹雙雙去採茶，大姊採多妹採少，不論多少早還家。

三月採茶是清明，娘在房中繡手巾，兩頭繡出茶花朵，中央繡出採茶人。

四月採茶茶葉黃，三角田裡使牛忙，手摯花籃尋嫩采，採得茶來苗葉黃。

（吳震芳《嶺南雜記》）

屈大均的《擂茶歌》生動描述了東莞「擂茶」的詳細製作過程。

《擂茶歌》　　　屈大均

東官土風多擂茶，松蘿茉萸兼胡麻。細成香末入鐺煮，色如乳酪含井華。

女兒一一月中兔，日持玉杵同蛤蟆。又如羅浮搗藥鳥，玎璫聲出三石窪。

拂曙東鄰及西舍，纖手所作喧家家。以淘粳飯益膏滑，不用酒子羹魚蝦。

味辛似雜賣隔桂，漿清絕勝朱崖树。多飲往往愈腹疾，不妨生冷長浮瓜。

我業莞中亦嗜此，岕崧欲廢春頭芽。故人餉我日二至，絲繩玉壺提童娃。

為君餍飫當湩酪，方法歸教雙鬟丫。

（屈大均《翁山詩外》卷三）

二、茶樓酒家對聯新

東南的茶樓酒家一向注重以風流儒雅和古色古香的風格裝點門面，自清代已有傳統，辛亥革命後廣州茶樓酒家更重視門面的裝飾、室內的布局以及文化氛圍的烘托。各茶樓酒家以重金聘請文人撰聯，讓名書家揮寫，把對聯高掛酒樓正門，展示文采風流，以此招徠賓客，這已成為茶樓的一大特色。這些對聯也確實耐人尋味，

畫龍點睛地道出了各自的特色。

❶ · 茶樓

「大同茶樓」聯：此聯於幽默中勸人從善，構思獨特。

> 大包不容易賣，大錢不容易撈，針鼻鐵生涯只望從微削；
>
> 同父飲茶者少，同子飲茶者多，簷前水點滴何曾見倒流。

「妙奇香茶樓」聯：對聯平淡之中見社會真情，寫出了一種曠達之情。

> 為名忙，為利忙，忙裡偷閒，飲杯茶去；
>
> 勞心苦，勞力苦，苦中作樂，拿壺酒來。

「寶漢茶寮」聯：這是廣西桂林名士倪鴻所撰，聯句淡靜自然，江畔楊柳，山聞鳥鳴，把客人引入到大自然的情懷中。

> 橋東橋西好楊柳；
>
> 山南山北聞鷓鴣。

「陸羽居」聯：此聯工對精絕，專在茶字上下工夫，讓人體會到這是品茶的好去處。

> 人喜陸羽之風，常臨此地；
>
> 客具盧仝之癖，獨嗜乎茶。

「榮華茶樓」聯：此聯妙在暗示，詩意盎然，令人深思。

> 雀舌未經三月雨；
>
> 龍牙先占一枝春。

「三眼橋茶亭」聯：清代廣州三眼橋茶亭有一楹聯：此聯從一個路過茶亭的匆匆過客，聯想到人世間的滄桑與冷暖，飲茶如品世間情，立意清新，弦外有音。

> 處處通途，何去何從？求兩餐，分清邪正；
>
> 頭頭是道，誰賓誰主？吃一碗，各自東西。

「天然居」聯：西關曾有一茶樓名「天然居」，有人撰回文聯：對仗工巧，別有情趣。因為有了這副巧對，天然居茶樓路人皆知。

客上天然居，居然天上客；

人過大佛寺，寺佛大過人。

❷ · 酒家

「文園酒家」聯：此聯雖直白，但寓意不凡。

文風未必隨流水；

園地如今年屬家。

「東園酒家」名聯：這是清末名士江孔殷題寫的名對，豪氣之中不減倜儻風流。

立殘楊柳風前，十里鞭絲，流水是車龍是馬；

望盡玻璃格里，三更燈影，美人如玉劍如虹。

「壺天酒家」聯：此聯店主曾是政界要人，一朝下野從事飲食業便是感慨萬千，聯中道出政客的複雜心情，氣勢並不張揚。

壺裡滿乾坤，須知遊刃有餘，漫笑解牛甘大隱；

世間無你我，但願把杯同醉，休談逐鹿屬何人。

「陶陶居」聯：廣州第十甫的「陶陶居」飲食巨商譚煥章經營酒樓，很懂得以文詞為酒樓增輝。以著名政治家兼書法家康有為親題招牌，自然形成了名人效應，人人為之青睞。譚氏又公開徵聯，以白銀二百兩為潤筆之資，出上聯求對。這一舉措，使陶陶居的廣告在文人雅士中傳遍。後來一外省文士應對了下聯，被評為第一。這副對聯頂嵌陶陶居之名，用典貼切，對仗工整，成為廣州著名的飲食名聯。

陶潛善飲，易牙善烹，飲烹有度

陶侃惜分，大禹惜寸，分寸無遺。

陶陶居還有一副寫得十分典雅的對聯，曾被評為二等，由老書法家秦萼生書寫：

陶秀實茶烹雪液，愛今番茗愰心清，美酒消寒，不羨黨家豪宴；

陶通明松聽風聲，到此地瓶笙耳熟，層樓招飲，何殊句曲仙居。

「襟江酒家」聯：香港「襟江酒家」有一副長聯，為老報人歐博明撰寫，上聯寫酒樓歡騰喜慶的景象，下聯寫室外醉人的風光，又把酒樓名「襟江」二字三次嵌

入，文詞優雅，意闊情濃，實為嶺南酒樓的長聯佳作：

> 襟青袖翠，履舄交錯一堂，看舉座歡呼，弗羨的，濠鏡風光。弗愛的，海珠花
> 韻，錢沽無吝，只求襟影無慚，襟前有酒好談天，與天同醉；
> 江碧雲藍，帆檣遠來萬里，試憑欄顧盼，這邊是，鯉門雙峙，那邊是，龍嶺九
> 回，國運終興，勿謂江流不返。江上盡人皆見月，得月誰先。

「韓江酒樓」聯：潮州「韓江酒樓」有一副對聯，以四位文豪典故把「韓江酒樓」拓出，既風流儒雅又出乎自然，堪稱得意之作。

> 韓愈送客，劉伶醉酒；
> 江淹作賦，王粲登樓。

「菜根香」聯：從飲食養生著筆，平凡之中見新意。

> 素食可養生，植物集成烹美味；
> 齋筵能益壽，菜根香聚宴嘉賓。

三、主要的飲食文化著作

歷代反映東南地區社會生活和飲食文化的書籍較多，但大部分都是以文史筆記的方式兼述的。只要我們留心古代的文史筆記，都能發現有許多與飲食生活相關的內容。這些文史筆記大部分都是歷史上比較有名的作者在東南生活的記錄或回憶錄，故比較真實和可信，他們以優美的文筆描繪了東南地區不同歷史時期的食料生產、飲食市場、地方風情和食俗。還有些飲食文化方面的內容散見於遊記、見聞錄，或是融在百科類書及其他專業書內，這些都為我們研究東南飲食文化提供了重要資料。

❶ · 兩漢魏晉時期

《異物志》，又稱《南裔異物志》《交州異物志》或《交趾異物志》。作者楊孚，廣東番禺人，東漢章帝時官議郎。此書乃嶺南第一部物產專著，也是我國有關異物

志的第一書，書中記載漢代嶺南地區動物、植物、礦產等情況，是早期嶺南的百科全書。該書在宋代已失傳，清代廣東南海人曾釗根據各類典籍、志書所引，重新輯錄成冊，分兩卷。《異物志》中記述了許多古代嶺南人的飲食習俗、作物的栽培，以及一些食物的製作方法，如對雙季稻栽培的記述，是古代典籍中的最早記錄，還有甘蔗品種和製糖工藝的史料，以及當時各種蔬菜和水果的栽種情況。該書是兩漢社會經濟生活的真實寫照。對飲食文化研究有重要價值。

《臨海水土異物志》，三國時期地理書，黃龍二年（西元230年）東吳孫權派衛溫、諸葛直前往夷洲（今臺灣），隨軍同行丹陽太守沈瑩據所見所聞撰寫的此書。本書在宋代以前就已失佚，現在有陶宗儀和楊晨的兩種輯本，一九八一年又出版了張崇根的新輯本，新輯本的前半部分收錄了有關臺灣高山族的紀事，後半部分輯錄了中國東南沿海的魚介類、鳥類、竹木藤果等物產。

《南方草木狀》，全三卷，是世界上最早的區系植物誌，成書於晉代。相傳是受命調任交州的西晉文學家及植物學家嵇含撰寫的，他根據自南方歸來的人所述當地情況而整理著述，但是有人認為該書在南北朝宋時期已成佚書，可能是後人輯錄的本子，也有人認為是後人根據徐訓衷的《南方草木狀》以及同類書籍中的內容輯錄成冊的。此書文字簡潔典雅，從草、木、果、竹四方面記述了嶺南地區的植物，共八十種，涉及了很多嶺南早期飲食資源。

《抱朴子》，全八卷，晉代道教經典，葛洪撰。該書的《內篇》論述了神仙、煉丹及一些克治之術，其中煉丹之術、丹藥的配製與養生服藥有關。葛洪在羅浮山煉丹，採藥也在南方，所以該書集中地反映了嶺南的道教徒養生服丹的情況。反映了飲食與養生的關係。

❷·唐宋時期

《嶺表錄異》，全三卷，分上、中、下三部分，亦稱《嶺表錄》《嶺表記》《嶺表異錄》《嶺南異》。唐代劉恂撰。書中記述了嶺南的氣候、物產、風俗、地理等內容，是一部嶺南風物誌；同時全書大量記載了唐代嶺南人的飲食生活和飲食食物，

尤其是各種魚蝦、海蟹、蚌蛤的形狀、滋味和烹製方法等，是研究唐代嶺南地區飲食文化的重要的珍貴史料。此書內容廣泛精確，向為學者推崇，《四庫全書總目提要》稱此書「匯博贍，而文章幼稚，於蟲魚草木，所錄尤繁，訓詁名物，率多精核」。原書已佚，清人紀昀等從《永樂大典》等書中輯出佚文重新集錄而成，魯迅校勘本是現存最完善的本子。

《北戶錄》，唐代段公路著，段為臨淄（今山東淄博）人，唐穆宗時宰相段文呂之孫。懿宗年間（西元859-873年）段公路在廣州生活，遊歷南海、高涼等地乃作此書。《北戶錄》是部風土記，三卷，詳細記述了嶺南草木果蔬、魚蟲鳥獸、越俗風情、飲食衣裳等內容，保存了土著食文化的珍貴史料。該書南宋時印行，其後有多種刊本，以清陸心源輯《十萬卷樓叢書》所收校勘本為佳，書中引用了許多已散佚的書籍，故極有價值。《四庫全書總書目提要》稱：「載嶺南風土，頗為賅備，而於物產為詳，其徵求亦及博洽。」

《唐摭言》，唐代王定保撰，書中主要是寫唐代貢舉制度和應考者的故事，其中卷三詳細記述了有關「曲江宴」的禮儀、名目、宴名、詩文、典故和逸聞，為瞭解和研究科舉中的飲宴制度提供了珍貴的史料。

《桂海虞衡志》，宋代范成大著，本書是他在廣西任官期間，對當地山林川澤，民情風俗的記錄。全書分為十二篇，篇目為志岩洞、忠金石、志香、志酒、志器、志禽、志獸、志蟲魚、志花、志果、志草木、雜誌、志蠻。嶺南西部地區向來比較落後，關於古代飲食文化的材料難以收集，這書提供了比較系統的飲食文化史料，十分珍貴。

《嶺外代答》十卷，宋代周去非著，周為溫州永嘉人，南宋隆興元年（西元1163年）進士，淳熙中任桂林通判，由於在廣西多年，對嶺南風土人情熟習，故撰是書。書分為二十門，內容廣博。因有問於嶺南外諸事者甚多，作者以書回答，故曰代答。本書久佚，後人從《永樂大典》中錄出。《嶺外代答》是一本內容豐富、具有多重史料價值的實錄筆記。該書雖然有了部分抄襲了《桂海虞衡志》，但其增補的內容遠要多於《桂志》。書中器用、食用、花木、禽獸、蟲魚、蠻俗等門對地

區飲食文化有詳盡的記錄，是研究宋代嶺南飲食文化的必讀之書。

《茶錄》，北宋蔡襄著，蔡為北宋興化仙遊（今福建莆田市仙遊縣）人，天聖八年（西元1030年）進士，官至端明殿學士。慶曆年間，蔡襄任福建轉運使，主管閩茶進貢，熟悉茶事，他認為陸羽的《茶經》是不朽的著作，但「烹試」的內容沒有談及，所以決心補《茶經》不足，遂撰寫《茶錄》。該書篇幅短小，語言精練，全文不足八百字，卻對建安茶葉的烹試方法和所用器具作了全面高度概括。此書分上下兩篇：上篇論茶，分色、香、味、藏茶、炙茶、碾茶、羅茶、候茶、熁（xié）盞、點茶十條，詳細敘述了茶的品質、收藏、製作和烹飲方法，提出了獨特的見解；下篇論茶器，從茶焙、茶籠、茶碾、茶羅、茶盞、茶匙、湯瓶九類來介紹烹茶時所需的器具，包括這些茶具的製作材料、式樣、功能和各自特色，很值得後人借鑑，是一部分有關茶文化的珍貴著作。

《荔枝譜》，北宋蔡襄著。閩粵荔枝自古有名，生長於福建的蔡襄，自然對家鄉荔枝有著深刻的瞭解。本書分七部分，前三部分記載了福建各地荔枝生產的盛況及出口狀況，第四、五、六部分分別記敘了荔枝的作用、荔枝的種植及荔枝幹的製作，第七部分則重點敘述各種荔枝品種的性狀、產地等。全文言簡意賅，敘事精細，是一部關於荔枝的重要著作。

《品茶要錄》，北宋黃儒著。黃儒，北宋建安人，神宗熙寧年間進士，博學能文。作者生長於茶葉生產極其旺盛的建安，成年後，在收集查閱了眾多有關茶葉書籍的資料後，針對採造不當而形成劣茶的十種弊病依次編為十說，即《品茶要錄》。本書全文約1900字，前後各有總論一篇，中間分為採造過時、白合盜葉、入雜、蒸不熟、過熟、焦釜、壓黃、漬膏、傷焙、辨壑源沙溪等十一個題目，分別指出劣質茶葉產生的原因和危害，也對茶葉的產地、採摘時節、採摘方法以及製茶技巧作了精闢論述，還指出要善於辨別真偽，謹仿摻雜作假。本書述說詳盡，角度新穎，是繼唐代陸羽《茶經》和宋代蔡襄《茶錄》之後的又一部重要茶葉專著。

《諸蕃志》二卷，宋代趙汝適撰，原本已佚，清乾隆時纂修《四庫全書》，將該書從《永樂大典》輯出。趙汝適在南宋寶慶元年（西元1225年）任福建路市舶提

舉兼管泉州舶泊，對當時海外貿易情況熟知，並瞭解諸蕃風俗。由於諸蕃前來貿易多經廣州港再達泉州，故從此書中亦可瞭解廣州與諸蕃的交流。特別是外蕃入輸的貨物，對嶺南地區的飲食文化產生了一定的影響，該書對此提供了重要的史料。另外，宋人祝穆編纂的《方輿勝覽》也大量記載了宋代東南地區土產和貢物情況，反映了東南地區豐富的飲食資源。

《萍洲可談》，北宋地理學家朱彧撰，這是講述宋代對外貿易的書籍，由於該書對廣州蕃坊商人的生活及飲食業飲食習慣多有記載，故成為宋代嶺南地區中外飲食文化交流的稀見史料。例如，書中談到「大率南食多鹽，北食多酸，四夷及村落人食甘，中州及城市人食淡，五味唯基，苦不可食。」這是對區域味覺差異的一種概括。

❸ · 明清時期

《閩小紀》，明代周亮工著，全書分上、下兩卷。上卷除零散記載了福建各地的奇鳥、奇古、橋樑、隴田、樹木、人物外，還以較大篇幅敘述了福建的水果、土特產、海產等，尤其是閩茶、閩酒的詳細敘述，而對明代福建各地酒的歸納，則為研究明代福建的酒文化提供了寶貴的史料，下卷雖對福建的飲食文化記載不多，但有關福建一些飲食資源的記載，如海錯、海扇等也還是有所記述，為研究閩地飲食文化留下了珍貴的資料。

《泉南雜志》，成書於明代，作者陳懋功。此書除記載了泉州的名勝古蹟、風土人情、名人名事外，還詳細敘述了泉州燕窩的形成，荔枝、龍眼、紅柑、紅梅、茶葉、甘蔗等生產盛況，以及草魚、龍蝨、蝦、牡蠣、龜、海錯等形狀及烹飪方法，是一部反映明代泉州飲食文化的重要著作。

《天工開物》是明代末期的一本科技百科全書，崇禎十年（西元1637年）宋應星撰。本書與飲食文化有關的內容很多，如穀類、糧食加工、製糖、製鹽、陶瓷、鑄造、油脂等。特別是糧食加工和食品加工等內容最為詳盡。宋應星是江西省奉新縣人，萬曆年間的舉人。曾歷任亳州知事等職。由於宋應星是南方人，他所記述的

有關事項和嶺南有密切關係，故從一個側面反映了嶺南食物加工製作方面的有關情況。

《閩部疏》是明人王世懋以督學身分宦遊福建全境而寫的遊記。此書記載了福建各地的山川河流、風土人情，也大量記敘了福建各地的飲食資源，像福州、興化等地區的荔枝、龍眼、佛手、橄欖、柚子、柑橘、蔗糖、美人蕉等，汀州的李子，以及泉州、漳州的海味等，同時亦闡述了一些海味的烹調方法。另外，王世懋的《學圃雜疏》、施鴻保的《閩雜記》、王應山的《閩大紀》等，也有不少關於福建飲食文化的記載。

《廣東新語》，清代屈大均著，全書28卷。清初的廣東筆記均以類事分卷，舉凡廣東有關的天文地理，經濟物產，風俗民情，百工技藝，鳥獸魚蟲，草木花卉無所不載，同時考究其源流，不限於明清，內容豐富，可補史志之不足。清代因文字獄曾被禁，流存較少。一九八三年中華書局據木天閣原刻本和乾隆翻刻本出版了校點本，為後人留下寶貴資料。該書對嶺南食物生產史記錄尤長，對食品工藝記述尤多，其中介紹了各類動植物資源的產地、種、養、用途和性味等，這是其他書籍甚缺的內容。特別是該書專列出「食語」一門，是飲食文化的專篇。內容具體翔實，對嶺南飲食文化作了精闢的論述。因此《廣東新語》成為研究嶺南飲食文化必不可少的典籍。

《南越筆記》，作者李調元，清乾隆年間進士，任官廣東學政，對飲食之道頗有研究。一生寫下許多有關飲食之作。該書為作者視察粵東時的所見所聞編撰而成，共十六卷。內容包括粵東民族、山川地理、時令風俗、田制農耕、地方特產、鳥獸魚蟲、方言民謠等內容。由於李氏經過實地調查，許多見聞均為他書所未載，該書還記錄了許多與嶺南食物生產方面有關的資料。

《嶺南荔枝譜》六卷，清人吳應逵撰，吳應逵號雁山，乾隆乙卯舉人，著有《雁山文集》《譜荔軒筆記》。嶺南荔枝甲天下，關於荔枝的書籍過去曾有顧氏的《僧江荔枝譜》和鄭熊的《廣中荔枝譜》，見於《文獻通考》和《廣東群芳譜》，後均散佚，故此書成為唯一的有關嶺南荔枝的珍貴文獻。作者收集了各種文集、方志等有

關嶺南荔枝的第一手資料，分為總論、種植、節候、品類、雜事等六卷，嶺南文獻中有關荔枝的內容大多涉及。

《粵中見聞》，清代范端昂纂，是其仿照屈大均《廣東新語》的體例編寫的文史筆記，書中記述有山川、物產、人物、文學、民俗等內容，作者除了從文獻上採集資料，還有實地採訪的內容，是一部重要的廣東地方文獻。書中《物部》較詳盡地介紹廣東動植物飲食資源及其產地、用途等，對粵地飲食文化的內容做了系統的整理。

《嶺南叢述》，清代鄧淳輯。嘉慶末年，阮元纂修《廣東通志》，鄧淳任分校，得以從各種史志中蒐集材料，後將多年摘錄的資料分類編寫成書，共六十卷，記述了廣東天文、地理、物產、風俗、人物、古蹟、藝術、科技等內容，該書內容繁博，徵引的書目達544種，保留了嶺南較多的歷史資料，其中與飲食文化關係較大的是飲食生產史的資料。

《粵海關志》三十卷，清代梁廷枏纂，這本書修於道光年間，記述清代廣州粵海關的建置及其對外貿易的情況，是我國第一部地方海關志書，對研究口岸史是必不可少的典籍。由於該書對進出口的貨物，包括與內地交往的貨物有詳盡的海關記錄，因此對瞭解中外食品交流的情況有重要的參考價值。

自清政府統一臺灣以來，很多地主階級知識分子以幕僚身分來到臺灣參與治理，回大陸後，一部分人紛紛把自己在臺灣的所見所聞以筆記體的形式詳細記錄，這些著作中有很多內容是反映臺灣飲食文化的，從而為我們留下了重要材料。例如，《臺海見聞錄》為乾隆年間董天工撰寫，書中記載了臺灣部分水果的特徵、性質等。《海東札記》，乾隆年間朱景英編寫，書中除翔實記載了臺灣的土產作物外，還重點描述了臺灣少數民族的風情和飲食習俗等，是反映臺灣飲食文化的重要書籍。

四、地方志和其他文獻

東南地方志大部分記有各地的物產，飲食物料，飲食業的加工和烹調，或闢有

「風俗篇」，記載了大量的鄉飲風俗、節日喜慶飲食習俗、地方風味飲食等方面的情況，是飲食文化研究的第一手材料，對區域飲食文化的研究尤其重要。

宋元時期反映東南地區的地方志非常少，現存的主要有陳大震的《南海志》、梁克家的《淳熙三山志》和《潮州三陽志輯稿》等。其中陳大震的《南海志》是現存最早的廣州地方志，元代寫就，但明代已殘，今僅存6-10卷，通稱《大德南海志殘本》。此書記載了宋末元初廣州的戶口、賦稅、物產、船貨、城池、學校、兵防、驛站、河渡等內容，敘事翔實，時間也較明確，很好地反映了當時廣州地區的政治、經濟和風俗人情等狀況。梁克家《淳熙三山志》和《潮州三陽志輯稿》則是分別反映了宋代福州和潮州狀況的地方志，也較詳細地描述了兩地富饒的飲食資源。另外，《宋史》、《宋會要輯稿‧食貨》、《元史》等也記載了東南地區的部分物產和貢物情況。

明清時期，地方志編纂成為一種風氣。明代廣東省共修志162種，現保存下來的仍有30多種。單是省志就有3部：嘉靖《廣東通志初稿》，嘉靖《廣東通志》，萬曆《廣東通志》。清代地方志的編修更盛，據朱士嘉《中國地方志綜錄》所收方志統計，清代廣東修編的志書有省志3種，府志26種，州縣及土志220種，著名的如康熙《廣東通志》、雍正《廣東通志》、道光《廣東省通志》等。道光《廣東省通志》是道光年間由廣東總督阮元主持編纂的，內容詳細，敘事嚴謹，其中在卷九十五《輿地略十三》中用很大篇幅詳盡地敘述了嶺南的糧食、蔬菜、果類、魚類、禽類、酒等飲食文化資源。福建省修志也較多，單明代就有兩部有名的省志——黃仲昭的《八閩通志》和何喬遠的《閩書》，兩書都比較詳盡地記載了明代福建豐富的飲食資源，也涉及了不少飲食民俗。至於各府縣地方志則更多，其中楊瀾的《臨汀匯考》對飲食資源的記載尤多，是研究福建飲食文化的重要資料。廣西省修志也不少，著名的省志主要是嘉慶《廣西省通志》。

作為中國第一大島嶼臺灣，自一六八四年被清政府統一，到一八九五年被日本人侵占之前，歷任的臺灣知府和各縣的知縣都普遍重視修志，有關臺灣的方志也很多，單府志就有康熙《臺灣府志》、乾隆七年《重修福建臺灣志》、乾隆十二年《重

修臺灣府志》、同治《福建通志臺灣府》、光緒《臺灣通志》等。這些方志中有關臺灣物產、風俗、少數民族的記載，是瞭解臺灣飲食文化的重要原始資料。

作為中國第二大島嶼和黎族主要的聚居地海南，自古以來一直隸屬於廣東，雖然面積不大，但有關記載它的地方志卻不少，明代主要有正德年間編纂的《瓊台志》，清代主要有嘉慶二十五年刻本《會同縣志》和《澄邁縣志》、道光八年刻本《萬州志》、道光《瓊州府志》、咸豐七年刻本《瓊山縣志》、咸豐八年刻本《文昌縣志》、光緒四年刻本《定安縣志》、光緒十八年刻本《臨高縣志》等，這些地方志記載了黎族的風土人情、飲食習俗等，對我們瞭解黎族的飲食文化及其經濟發展有莫大的幫助。

進入民國時期，飲食業已成為整個國民經濟的重要組成部分，飲食文化的地位突出了。在東南地區修編地方志中特別重視飲食文化的，要數民國時期鄒魯主編的《廣東通志未完稿》；另外連橫的《臺灣通史》、民國《臺灣省通志稿》、民國二十二年的《海南島志》（上海神州國光社鉛印本）、民國三十六年的《瓊崖志略》（上海正中書局鉛印本）等，都闢有專節闡述飲食文化。

五、孫中山與中國飲食文化

孫中山是我國偉大的思想家、革命家、政治家，他不但有著豐富的革命理論，而且對中國飲食文化也有精闢的見解。他曾在《建國方略》中高度評價中國飲食文化，他認為中國飲食之道是歐美各國所不及的，「我中國近代文明進化，事事皆落人之後，惟飲食之進步，至今為文明各國所不及。中國所發明之食物，固大盛於歐美，而中國烹調法之精良，又非歐美所可並駕。至於中國人飲食之習尚，則比之今日歐美最高明之醫學衛生家所發明最新之學理，亦不過如是而已。」

孫中山作出上述結論是有充分理由的。中華飲食文化博大精深，很早以來，我們的古人就創造出許多精美可口的菜餚，孫中山由此舉出了很多例子來證明。像中國古代的上等佳餚──「八珍」，世界唯中國有之，其美味奇佳，吃後令人津津樂

道，說明當時中國食品的先進性。金針、木耳、豆腐、豆芽等食品，對當時的國人來說，不過是尋常的素食，可當時的歐美各國之人，卻不知其可以作為食品享用。家養六畜的內臟，國人向來把它當作美味佳餚，但歐美各國過去卻總認為是非常骯髒的東西，是不能吃的，近年也以之為美食。「粗糙鮮紅」的豬血，外國人看之噁心，也鄙視中國人吃之，認為粗俗野蠻，可經醫學衛生家研究得知，豬血富含鐵元素，為滋補之佳品，病後、產後及貧血患者，多食有益，合乎科學。

中國飲食文化的博大精深，不僅表現在眾多的美味大餐上，還表現在許多令人垂涎萬分的美食小吃中。例如福州有道有名的小吃叫「阿煥鴨麵」，林阿煥於清朝末年開設了一家庭小店，因味道與眾不同，遂使生意興隆，盛名遠颺。到民國時期，連當時的國民政府主席林森都想前往品嚐，然副官認為以主席之尊駕臨小店實在有失身分，但又沒法，最後只好派人買來給林森品賞，足見小吃之魅力。

不僅如此，孫中山還進一步指出，「中國不獨食品發明之多，烹調方法之美為各國所不及，而中國人之飲食尚暗合於科學衛生，尤為各國一般人所望塵不及也」。中國食品種類眾多，烹調方法精緻細膩，飲食習俗合乎科學，這是歐美各國所不能比擬的。例如，中國人所飲的常為清茶，所吃的常為淡飯，拌以青菜豆腐，這是今日衛生營養學家非常提倡的，因為這種飲食結構非常有益於養生之道，「五穀為養」的飲食結構是老祖宗留下來的。所以中國窮鄉僻壤之人，日常飲食雖然較少酒肉卻多長壽。西方人所喝的多是度數較高的濁酒，所吃的多是高脂肪的葷菜，常食這些食物，容易使人患肝病、高血壓、糖尿病之類的富貴病。雖然西方人亦提倡多吃素食，但由於飲食習慣所致，很難改變。中國人口之多，身體抗疾疫力之強，是得益於幾千年來一脈相傳的「醫食同源」的養生思想，是飲食符合科學使然。如果人們能再從科學衛生上下些工夫，對廚房環境、烹調方法、食物搭配等作進一步改善，則「中國人種之強，必更駕乎今日也」。

孫中山早年畢業於香港西醫書院，深諳醫學衛生之道，對飲食與文化、衛生的關係亦作了精闢論述。他說：「西國烹調之術，莫善於法國，而西國文明亦莫高於法國。是烹調之衛本於文明而生，非深孕乎文明之種族，則辨味不精；辨味不精，

則烹調之術不妙。中國烹調之妙，亦足表明文明進化之深也。」西方烹調之道以法國為最，而最發達的西方文明亦沒有超越法國的，這是因為烹調之道源於文明。中國烹調方法之多樣，烹調藝術之精妙，也足可以說明中華文明之進步。

正因為中國菜餚的豐富多樣和烹調方法的精細，在世界各地華僑的推廣下，中國美食揚名世界，中國餐館遍布全球。美國舊金山、紐約，法國的巴黎，英國的倫敦等，華人餐館林立。當初華人餐館在紐約開設，立刻獲得紐約美國人的偏愛，紛紛到華人餐館就餐，引起當地其他餐館老闆的嫉妒，於是他們稱華人餐館的美食所放的醬油含有有害物質，想藉機打擊華人餐館。後經衛生專家鑑定，醬油不但不含有毒物質，而且富含蛋白質，有益身體，一場「莫須有」的罪名不攻自破，中華美食更加揚名，華人餐館也一度劇增。

作為革命領袖，孫中山首次把烹調方法納入文化藝術範疇，認為烹調亦為藝術，以此來證明中華文明的進步性。他說：「夫悅目之畫，悅耳之音，皆為美術，而悅口之味，何獨不然？是烹調者，亦美術之一道也。」其實一道好的佳餚是需要時間、精力去精心烹飪的，是非常重視刀工、火候、佐料等，是講究色、香、味、形的，這在閩菜、粵菜、潮汕菜中有很好的體現。對此，我們不得不佩服孫中山先生看問題的獨到之處。而這在將廚師視為賤業的民國時期，更是令人耳目一新。如今我們再來審視這一結論，發現它是多麼具有前瞻性。

孫中山最後還強調，要保存和發展具有中國特色的飲食品種、烹調技術，使中國飲食文化始終處於世界飲食文化的先列，「吾人當守之而勿失，以為世界人類之師導也可」。

作為一位偉大的民族革命先行者，在國家常年遭受欺凌、民族飽經災難、國人普遍感到自卑之際，孫中山先生對飲食與文化、飲食與文明的論述，令國人備感振奮，從而促使更多的熱血青年為民族的振興、為國家的富強而奮鬥，即使在今天，其論述仍具有重要意義。

第七章 中華人民共和國時期 飲食文化的蓬勃發展

新中國的建立結束了中國人民受壓迫受奴役受侵略的苦難歷史，結束了中國數千年來封建專制的黑暗統治，勞動人民當家做主，中華民族從此開啟了新的紀元，飲食文化也煥然一新。然而建國的道路並不平坦，由於社會主義道路是一項前無古人的嶄新實踐，如何開創適合中國國情的社會制度只能在探索中前進，加上當時嚴峻複雜的國際環境，東南地區飲食文化的發展經歷了曲折而艱苦的歷程。

一九七八年的改革開放給中國帶來了巨大的變化，全國人民的工作重心轉移到經濟建設上來，結束了「以階級鬥爭為綱」的歲月。作為最先享受政策之利的東南地區，其社會、經濟、文化等方面發生了巨變，社會進步，經濟發達，文化繁榮。正是在這樣的情況下，東南地區的飲食文化出現了空前繁榮的局面：飲食文化思想空前解放，飲食資源極大豐富，市場食料供應充足；粵菜、閩菜爭相鬥豔，餐館酒樓遍布城市；人民的生活水平從溫飽走向了小康，多元、健康、綠色的飲食觀念逐漸形成。

第一節　改革開放前的東南地區飲食生活

一、新中國初期溫飽型的飲食生活

新中國成立後經歷土地改革、合作化、人民公社等一系列的政治運動後，社會風氣廉潔，人人勤勞工作，努力為建設社會主義祖國多作貢獻。新中國初期建設成就斐然。

新中國的土地改革使廣大貧下中農都分到土地，極大地提高了他們的勞動積極性。之後，黨和政府制定了「農業八字憲法」和「以糧為綱，全面發展」的方針，加快了農業生產的步伐，特別在墾荒種植、大搞農田水利建設方面成果最為突出。糧食產量穩步增加，珠江三角洲數百萬畝農田成為穩產高產田。

珠江三角洲的果木業也取得可喜的成績。許多縣公社和生產隊都建立了水果

場，以佛山地方為例，「解放以來種植、恢復和整頓的各種水果園地達二十萬畝，其中荔枝、龍眼、柑橘、香蕉等水果面積達5萬畝，年總產達到一百五十多萬擔」。此外，也湧現出許多著名的果園，如開平縣的紅衛果場，建成460多畝的柑橘場；新會天馬農場畝產甜橙10250斤，大紅柑800斤；新會良湧生產隊柑橘畝產10000斤的高產紀錄。[1]這在當時的東南是奇蹟，是「放衛星」了。

珠江三角洲的池塘養魚業也走在東南地區的前列。一九五八年珠江水產研究所發明了「四大家魚」（鱅、鯇、鰱、鯪）的人工孵化技術改革，這是水產養殖業的重大成果，此外，當時又引進了「非洲鯽魚」，大大豐富了百姓的餐桌。

二十世紀五〇年代初、中期的中國，是一個崇尚樸素生活的清平世界，那時沒有太大的貧富差距，在飲食觀念上以吃飽不浪費為原則，不追求豪華奢侈的飲食風尚，即使是結婚的大喜事也提倡節儉辦理，不興排揚擺酒請客。在這種社會風氣下，人們以溫飽為滿足，沒有過多的欲求。當時物價還特別便宜，以廣州的飲食生活為例，兩分錢可以買一碗白粥，五分錢一個油香餅，一角錢可以吃到一頓早餐，而普通人家每月的伙食也僅七八元就吃得不錯了。在廣州最豪華的西餐廳太平館吃一個全餐（可食各種菜式）也僅三元七角而已。小孩子有幾分錢，便可以在街頭的「鹹酸檔」或小店鋪買到自己鍾愛的零食。

隨著人們飲食消費觀念的變化和政府對飲食業的政策，二十世紀五〇年代東南地區的城市飲食行業發生了重大變化。新中國成立初期，黨和政府對城市的私營飲食業進行了整頓，取締了在酒樓、賓館等場所聚賭、容娼的社會陋習，東南地區的廣州、福州、桂林等城市的一些大酒樓因失去了昔日富商高官大客而門庭冷落，部分商人轉而攜資去香港、澳門或者海外創辦酒樓；同時，政府提倡節儉飲食，加上戰後東南地區社會秩序還不夠安穩，人們又普遍比較貧窮，這進一步加劇了城市飲食行業生意的蕭條，飲食網點大為減少，這對東南飲食業的發展不能不說是遺憾。後來社會逐步穩定，東南城市飲食業才有所復甦。

1　佛山地區革命委員會編：《珠江三角洲農業志》第六冊，佛山地區革命委員會，1976年。

二、「大躍進」時期的飲食生活

❶·公共食堂的歷史教訓

建國之路並不平坦，由於受到俄式共產主義思潮的影響，加上缺少經濟建設的實踐經驗，中國推行「三面紅旗」[1]的社會主義建設總路線，這使新中國經歷了一段曲折坎坷的道路。

人民公社的公共食堂是這一時期飲食文化的縮影。公共食堂是我國二十世紀五〇年代末期在探索社會主義建設道路時期，伴隨著「大躍進」和農村人民公社化運動的發展而驟然興起的「新生事物」，是一種曾一度轟轟烈烈地改變中國家庭傳統生活方式的「新生事物」。它是由合作社時的「農忙食堂」發展而來，農忙時節辦食堂本來是短暫的、臨時性的行為。當時為儘快做好夏糧收割栽種，人們在農忙時互相幫助，集體勞動，集體吃飯，這樣既節省了做飯的人工時間，又加快了收割栽種的速度。之後，由於政治需要，一九五八年全國提倡普遍「大辦」公共食堂，然而好景不長，一九六一年即難以為繼而告解散，歷時四個年頭，演繹了由盛到衰的短命歷程。

東南地方的農村公共食堂大多數是設在農村的祠堂中，因為祠堂是同宗親族的活動場所，而生產隊又缺少資金去營建一個專用膳堂。一開初大家都有一股新鮮感，不用在家煮飯，人人分到一份飯菜。於是人們爭著提前收工湧到飯堂等吃大鍋飯。不久大家發現庫存的糧食供不應求，加上眾口難調，人們很快就厭倦了這種生活，覺察到一日三餐的家庭生活樂趣被公共食堂剝奪了。更可怕的是公社食堂助長了一種「坐食山空」的惡習，生產隊積存的糧穀，經不起社員放開肚皮的吞食，而在依賴吃公家飯的風氣中，個人的創造力和勞動積極性消退了。於是公社食堂難以維持，很快就解體了。

公共食堂的初衷是建立農村的公共飲食機構，讓每一個勞動者都有飽飯吃，讓

1　「三面紅旗」是指「總路線」「大躍進」「人民公社」。

人人平等，飲食不分高下。事實上這既脫離實際，又違背了廣大農民的意願。它是空想社會主義的產物，不符合社會發展的規律。

公共食堂的飲食模式留下了深刻的歷史教訓：解決民眾的溫飽，推進健康的飲食，並非是通過消滅「私有制」，推行「公有飲食制」即可獲得的。以家庭為基礎的組織形式，發揮著每個家庭成員的創造性和積極性，這才是百姓飲食生活健康發展的必由之路。

隨著對農業、手工業和資本主義工商業的社會主義三大改造的開展，一九五四年東南地區的城市出現了社會主義合作經營性質的大眾化食堂，當時廣州有中區食堂、北區食堂、西區食堂、東區食堂、珠江食堂、五山食堂等。緊跟全國步伐，一九五五年東南地區的不少酒樓進行了公私合營試點，一九五六年東南地區的飲食行業全部實行了公私合營。此後，對中小型飲食網點進行了撤、並、遷，飲食網點隨之大大減少。一九五八年「大躍進」期間，東南飲食行業基本轉為國營企業，實行全民所有制，不少餐飲人員轉行至工業及交通基建部門，致使整個餐飲業菜品質量下降，服務水平降低，飲食業零售額隨之降低。

❷・三年經濟困難時期的生存大挑戰

公社化以後，東南地區和全國一樣，遭遇了連續三年自然災害的困擾，在物資短缺，供不應求的情況下，如何闖過難關，填飽肚子，化解飲食危機，這是中國人民面臨的生存大挑戰。

為了填飽肚子，一些權宜之計在民間推廣，「雙蒸飯」是單位食堂的一大法寶。先把米半煮，再用蒸法使米粒增大，達到「見飯省米」的效果。當時提倡少洗米，或加入細糠的方法，增大出飯量。

「瓜菜代」「以素代肉」是當年的重要對策，以多吃瓜果去頂替主糧，當時蕃薯、芋、木薯都成了重要的救災糧食，至於本地豐富的野生植物資源更是人們的重要副食。凡是能吃的野菜都推上了餐桌，諸如馬齒莧、蕃薯藤、瓜子菜、「蹦大碗」、葛菜、野艾等都已成為常用之蔬，甚至連餵豬的鵝腸菜也成為人們的腹中之

物。青橄欖、紅縷帽、番石榴、山稔等野果則成為東南人們的又一輔食。在純而又純的單一公有制下，河裡的魚蝦都不允許私人捕捉，因為規定是由隊裡抓了賣給政府的。在這種情況下，東南人們只能去挖蜆或者抓蝸牛等來充飢。當時東南一些地方還流行吃「東風螺」（蝸牛），去殼、除黏液後可煮成奶白色的湯，其味極佳，或紅炆亦成美食，戲稱為「法國名菜」。當然老百姓晚上偷抓魚蝦現象時有發生，畢竟生存是第一位的。

為了開發食品資源，許多新式代食品也被人們嘗試著：培養小球藻製作藻類食物；從樹葉中提取葉綠素，混合麵粉來製作糕點；用當地產的麥秸、蔗葉、稻稈製成濕澱粉、蔗渣粉、稻稈粉，再摻進食物製作糕點、麵包。《人民日報》一九六○年七月六日三版發表評論員文章《綜合利用潛力無窮》報導：廣西河池縣利用麥秸試驗成功，製成濕澱粉，再用這種澱粉摻和一些麵粉和米粉，製成饅頭、花捲、烙餅和麵條，質量和麵粉做的一樣。經歷過嚴重飢餓的人都知道，腹中無物空蕩蕩的感覺使人心慌神亂，可以為了任何一丁點能夠入口的東西去拚命。新式代食品一定程度上緩解了人們的飢餓感，對人們從精神上戰勝飢餓起到了不可忽視的作用。

在普通的百姓家庭裡，由於糧食供應不足，家庭餐桌上也實行了定量「分飯吃」，即均勻分配飯量。經歷過那個年代的人們都會有深刻的記憶：如果能有一頓飽飯吃，那是太幸福了！

一九五九至一九六一年的三年經濟困難時期，由於食品奇缺，東南飲食業受到沉重的打擊。飲食市場上買賣雙方都沒有挑選的餘地，有什麼買什麼，有什麼賣什麼，很多城市只能提供一輪飯市，售完即止。不少國營飲食店採用「以素代肉」「以鹹代甜」等方法，盡量做好大眾化菜市的供應。許多市鎮的酒樓做起了無油的腸粉、無肉的包子和無糖的點心。食糖不足用葡萄糖、蜜餞乃至糖精等來代替，肉類不足則以鹹豬肉、罐頭肉來充數，一些著名酒樓也因雞、鵝、鴨和鮮魚的缺乏，經營難以為繼。少數酒店憑藉關係從農貿市場上高價購進副食品，烹製的菜餚雖然價格較高，但滿足了部分收入較高的市民需要。酒樓食肆的殘羹剩飲也被有效利用，公開出售是不允許的，但在內部自行處理卻習以為常。有些下腳殘羹，經過消毒烹

製，美譽名為「雜錦煲」「一品窩」「百鳥歸巢」，饑饉之年，能吃到也算非常幸運之事了。

那一時期，由於飲食的欠缺，致使不少人患上了水腫、肝炎、肺病、營養不良等疾病，但當時少有抱怨和不滿情緒，因為整個社會彼此不分，領導幹部吃苦在前，吃喝和普通民眾沒有區別，生活雖然貧困，但大家都一樣，自然就習以為常了。

三、定量供應制度下的飲食生活

❶·糧油的限額定量供給

新中國成立初期為了穩定糧食和食油的市場價格，保障軍民的糧油供給，國家於一九五三年十一月實行了糧食和食油的統購統銷，實行計劃供應的政策。此後，東南各省市都制定了本地糧油計劃定量的細則。以一九五五年八月廣州市制定的《廣州市糧食計劃供應暫行辦法》為例，其主要內容為：

市轄區內的居民及郊區非農業人口，一律實施居民以糧分等定量供應，並憑證購糧。居民的口糧根據工作差別、年齡大小來劃分等級。按9等13級的定量標準，其中重體力勞動者一級27.5公斤，機關工作人員一級14.5公斤，大中學生一級16.5公斤。流動人口則憑糧票購糧。[1]

一九五四年一月廣州市對居民實行食油計劃供應，每人每月16市兩（舊秤1市斤），以後供應量均有調低。一九五五年後市場管理更為嚴格，除了糧油計劃供應以外，稻穀、大米、麥子、麵粉、黃豆、青豆、綠豆、黑豆等食品，所有私營商販一律不准經營。

糧油的定量供應在不同時期和不同地區有所區別，在當時確實起了防止糧油市

1　廣州市地方志編纂委員會：《廣州市志·糧油商業志》，廣州出版社，**1996**年。

場價格波動，確保社會穩定，保證民眾有飯吃、有油吃的作用。但實際上單靠定量供給是不可能解決糧食短缺問題的，不少消耗量大的家庭，還要通過購買高價糧食或副食品來補充國家定量供應的不足。

❷‧肉票、魚票和僑匯票

為了保證肉類的均衡供給，防止商販的「炒買炒賣」（當時的流行語，指轉手買賣）擾亂市場，那一時期的肉食供應也全部由國家統管，實行了票證供給。在最艱難的三年自然災害（1959-1961年）期間，廣州市居民每人每月只有二兩半的豬肉和一斤鮮魚。那時即便領了肉票也要一早到市場排隊才能買到肉食。票證供給的肉類以最優惠的價格出售，確保市民能吃到肉。除了肉票還有糖票、副食品票等，這些票證比鈔票更值錢，因為它可以購得廉價食品。

在各種票證中，最受歡迎的是僑匯票證，這是指港澳僑胞或國外華僑寄錢給大陸親人，國家根據匯款多少，配給糧油及各種食品的票證券。憑這種證券，人們可以買到市場上許多稀缺的食品。於是有港澳援助的人家稱之為「南風窗」，讓普通民眾豔羨。

此外，對於高級幹部、高級知識分子、少數民族也實行了特殊的票證補助，他們的飲食生活比起普通民眾略高一些。

以後隨著困難時期的過去，食品的不斷增多，許多購物證券日漸消失。但糧油的統購統銷，直到中共十一屆三中全會以後才得以停止。隨著改革開放，糧油的經營從實行「雙軌制」逐步到全面開放，至此，城市居民的「糧油供應簿」終於退出了歷史的舞台。

❸‧定量供應制度下的飲食觀念

長時間的定量供應，使得人民的飲食十分清苦，但大多數民眾都習以為常，以為生活就應該是這樣，這與整個時代的政治思想教育有重大關係。當時的口號是「大海航行靠舵手，幹革命靠毛澤東思想」，而毛澤東倡導的飲食觀念是以「艱苦樸素，勤儉持家」為準則的，故發揚延安時期的革命精神成為當時政府一貫的工作作

風。在當時歷史環境下，人們普遍存有這樣的飲食觀念：新中國的建立使每一個勞動者都有工作，都有飯吃，這是驚天動地的歷史巨變。對比起舊社會勞動人民過著飢寒交迫的生活，已經是天壤之別，絕大多數的勞動者都有一種滿足感，所以這種僅僅能維持溫飽型的生活已使人民知足常樂。

毛澤東時代普遍流行的觀點認為，「吃、喝、玩、樂是資產階級的生活方式」，要防止「封、資、修（即封建主義、資本主義、修正主義）的侵蝕，才能保證紅色政權永不變色」。而清貧的生活是防止腐敗變質的保證。所以當時常吃「憶苦餐」，開展憶苦思甜的階級教育，從思想上淡化人們對物慾的追求。如果有人講吃談喝、追求生活品位，必定被認為是腐朽的生活方式，甚至是一種罪過，更不用提什麼飲食文化。

當時有一句響亮的口號，「胸懷祖國，放眼世界」，就是說全世界還有三分之二的人在帝國主義的壓迫下未得到解放，看到世界上如此眾多的受苦人過著悲慘痛苦的生活，我們怎能追求奢華飲食的享受？正是在這種思想影響下，中國民眾度過了漫長的票證時代。

第二節　改革開放後的東南飲食盛潮

一九七八年，中國共產黨十一屆三中全會的勝利召開，標誌著全黨全民的工作重心轉到經濟建設上來，結束了以階級鬥爭為綱的政治路線，中國從此進入了一個嶄新的歷史時代。作為改革開放的潮頭兵，東南地區最先沐浴了改革開放的春風，經濟發生了翻天覆地的變化。隨著東南經濟的快速發展和人民生活水平的提高，東南人民對飲食提出了更高的要求，對吃越來越講究，對菜式的種類和質量要求更高，多元消費和綠色消費的觀念逐漸形成。正是在這樣的情況下，東南地區的飲食文化出現了空前繁榮的局面。

一、飲食資源得到極大豐富

❶ · 糧食果蔬飲食資源產量激增

為適應人們日益增長的物質生活需要，二十世紀八〇年代以來，東南地區各地開始興辦各種類型的種養業基地，至二十世紀九〇年代，東南地區已建立一大批商品糧生產基地、糖蔗生產基地、水果生產基地、蔬菜生產基地、畜禽養殖基地、花卉基地、優質水產品基地和茶葉生產基地，如珠江三角洲的水果生產基地和花卉基地，雷州半島的糖蔗生產基地，廣西欽州、防城、北海三角地帶的優質水產品基地，而在福建則形成閩北茶葉和水產、閩南花卉和水果、閩東茶葉和優質米的農業基地格局。在經濟發達的城市和沿海三角洲地區，大力發展為城市服務的經濟作物和副業，例如在珠江三角洲發展經濟效益好的優質水果、優質蔬菜。在不少山區縣則大力種植反季節蔬菜，使東南老百姓在秋冬季節可以吃到春夏的蔬菜。如廣東陽山縣，至一九八九年，全縣有11個鄉（鎮）兩年共種植1.04萬畝反季節蔬菜，品種有西洋菜、蘿蔔、青刀豆、毛豆、紅尖椒、馬鈴薯、西六椒等，產品暢銷珠江三角洲及港澳地區。

東南地區氣候濕熱，夏秋時節長，冬春時節短，這非常有利於蔬菜的生長，而眾多的蔬菜基地各反季節蔬菜的栽培，又保障了東南地區常年新鮮蔬菜的供應，這為粵菜、閩菜的新鮮清淡風格創造了前提條件。

東南地區是我國有名的水果之鄉，在全國占有極為重要的地位。廣西沙田柚和羅漢果產量位居全國第一，香蕉、菠蘿的產量居全國第二，荔枝、龍眼的產量居全國第三，柑橙產量居全國第四，八角遠銷30多個國家和地區，桂皮出口全國第一。廣東是柑橘、荔枝、香蕉、龍眼的原產地之一，北部盛產溫州蜜柑、沙田柚、李、梅、柿、桃、梨、板栗等，東、中、南部盛產柑橘、香蕉、荔枝、菠蘿、龍眼、楊桃、梨、番石榴、梅、橄欖，西部盛產菠蘿、香蕉、荔枝等，其中非常有名的水果有從化荔枝、新會甜橙、四會蜜柑、平遠臍橙、梅縣沙田柚、潮州椪柑。海南以盛

產椰子、菠蘿、芒果和其他熱帶水果而著稱，福建的龍眼產量居全國第一，荔枝、柚子、枇杷、李、梨、菠蘿等的產量也很多。不少特色水果製成了罐頭，形成國內的知名品牌。

❷ · 禽畜海鮮產力旺盛

雞肉、豬肉、鵝肉、狗肉等家禽家畜向為東南地區人民嗜好的葷食，雞、豬、鵝等禽畜的蓄養規模在改革開放後極為擴大，並產生了不少地方名種，這對豐富東南人的飲食生活有著重要意義。

東南名雞眾多，有三黃雞、文昌雞、霞煙雞、清遠麻雞、穗黃雞、穗麻雞、粵黃雞、廣黃雞、杏花雞、沙欄雞、福建山雞等良種。其中「三黃雞」肉嫩骨細、皮脆味鮮、肉質特佳，廣西的岑溪、容縣、藤縣和廣東的博羅、惠陽、紫金、龍門、惠東等區縣為主要生產區；「文昌雞」以肥美、肉嫩，骨軟、爽滑而馳名，宜清蒸白切，多食不膩，主要產於海南省文昌縣；廣西容縣「霞煙雞」以皮黃肉白、骨脆易嚼而聞名。為「無雞不成宴」的粵菜提供了充分的貨源。

東南生豬品種多，優質肉豬也多，如廣西「陸川豬」以皮薄、肉質細嫩、長膘快、適應性強、遺傳力穩定而著稱。養鵝業亦是東南地區的強項，「獅頭鵝」即是中國最大的肉用鵝，成年公鵝體重可達7-8公斤，廣東的澄海、饒平等地區是其主要產地。清遠「烏鬃鵝」原產清遠，屬小型鵝種，以其頸背鬃毛有一明顯黑色羽毛帶而得名，自今已有800多年的歷史，改革開放後得到大力飼養。也為粵菜著名菜品「燒鵝」提供了足夠的優質貨源。

東南地區靠近東海、南海，雨水豐富，為水產養殖和海洋捕撈提供了先天的優勢。到二十世紀九〇年代，水產養殖業和海洋捕撈業已獲得長足的發展，即便是水產業不很發達的廣西省也獲得了長足的發展。福建省的海洋捕撈和水產養殖更是在全國處於領先行列，根據資料顯示，福建的水產品產量在一九七八年只有44.75萬噸，其中海洋捕撈的水產品產量為34.33萬噸，一九九〇年，水產總量已達到118.6

萬噸。[1]福建漁民全年捕撈的海產對象主要有帶魚、大黃魚、海鰻、馬鮫、鯧魚、蝦貝類等。海水養殖種類齊全，花色眾多，貝類有牡蠣、縊蟶、花蛤、貽貝、文蛤、扇貝、西施舌等；藻類有海帶、紫菜、江蘺、紅毛菜、裙帶菜、鵝掌菜、羊棲菜等；魚類有大黃魚、鯛魚、鯔魚、石斑魚、河豚魚等。

池塘養殖是東南地區最普遍的形式，養殖的魚類有草魚、青魚、鰱魚、鯉魚、鯽魚、魴魚、鱅魚、鯿魚、編魚、羅非魚、福壽魚等。

隨著人民生活水平的提高，一些營養價值高的海產需求增多。牙鮃，南方俗稱左口魚、皇帝魚、比目魚，其肉質鮮美，營養豐富，為大型名貴海產魚類，經濟價值很高，是我國主要養殖品種之一。二十世紀九〇年代牙鮃養殖在福建方興未艾。隨後，東南地區又搞起了特種養殖，大力養殖鰻魚、甲魚、大閘蟹、三角蚌、牛蛙、河鰻、山瑞等名貴水產，以適應不斷繁榮的市場需要。

❸·國內外優良動植物食品原料的引進

改革開放後，隨國內外科技文化交流的不斷發展，東南地區對優良動植物的食品引進的範圍、品種和數量都有了大幅度的提升，對提高當地經濟效益和改善東南人民的生活有著重要意義，同時也符合了粵菜用料廣雜的特色和粵人吃精吃新的風格。

豬肉富含脂肪、熱量和各種維生素，是我國人民普遍喜歡的一類肉食品。隨東南地區人口的增多，豬肉的需求擴大，各種外國優質種豬先後被引進培育。杜洛克豬，生長快，肉質優，成年體重達280公斤，一九七八年從美國引進；漢普夏豬，膘薄，瘦肉多，同樣於一九七八年從美國引進。國內外其他優良家畜也得以引進培育，如芙蓉兔、日本大耳兔、狼兔等大型皮肉兼用兔，瑞士奶山羊、印度羊，以及北京珍珠雞等，均成功引進繁殖。

佛山順德在二十世紀七〇年代就開始引進豐鯉、金鯽魚、東北鯽魚、芙蓉尾江

1　福建地方志編纂委員會編：《福建省志·水產志》，方志出版社，1995年。

鯉魚、荷包鯉等，二十世紀八〇年代又先後引進國外優質的短蓋巨脂鯉、加州鱸魚、褐手鯰、叉尾鮰、泰國蝦虎魚、絲足鱸、銀杷魚、豬仔魚、桂花鱸魚、德國鏡鯉等。[1]眾多國外優質畜類和水產的引進並培育成功，大大豐富了東南地區的飲食資源，為粵菜、閩菜的創新提供了充分的原料來源。

隨東南人民生活水平的提高，對牛奶的需求量增加，國內外產奶量大的奶牛相繼被引進東南地區培育。如從巴基斯坦引進的摩拉水牛，是世界著名的奶牛品種之一，體型大，乳房發達，產奶量高，年產奶量可達2500-3000公斤；辛地紅牛，體重大，耐高溫，易飼養，抗病力強，產奶量較高。

作為我國的水果之鄉，東南地區也注重引進培育國內外的優良果木。如廣東，二十世紀六〇年代從美國、日本引進臍橙，二十世紀七〇年代從美國、義大利引進夏橙，二十世紀八〇年代從浙江引進文旦柚，從北京、臺灣等地引進巨型葡萄、草莓、新葫蘆和新紅寶等，而東南地區內部優良果木的交流種植則更加頻繁。

二、多元、快捷、綠色的飲食消費

隨著東南地區經濟的快速發展和人民生活水平從溫飽型向小康型的邁進，人民已不再滿足於原來維持生存所需要的初級產品，而是對飲食提出了更高的要求，要求營養合理、品質優良、衛生安全、品種多樣、風味講究、方便實惠和能調節人體機能，多元消費和綠色消費的觀念逐漸形成。黨的「十三大」報告指出：「在加快發展農業生產的同時，要對居民的消費結構特別是食物結構進行正確的引導和調節，使之同我國農業資源的特點和生產水平相適應」。

❶·優質食品需求穩中有升

糧食、肉類、雞蛋、蔬菜、糖、澱粉等日常食品的充足，是小康社會人民生活

---

1 順德市地方志編纂委員會編：《順德縣志》，中華書局，1996年。

水平的基本象徵，人們希冀享受到更為精緻的食品，東南人們的這種需求穩中有升。

其中，優質大米、可口的香米大受東南百姓歡迎。粉、麵製品因其煮食快捷方便，而成為東南地區早餐的首選食品。如廣東的河粉和腸粉、廣西的桂林米粉、福建的興化米粉等傳統米粉供不應求，龍鳳麵、衛生麵、精波紋麵、一級蛋麵、精緻圓蛋麵和金絲蛋麵以及香菇麵、冬菇麵、雞精快食麵、牛肉快食麵等麵食大量供應市場。原來供應較少的包子、饅頭、麵包、糕點等重新擺上東南人的餐桌。豬肉等肉食已不再稀缺，並製成臘味產品，深受東南民眾喜愛。如潮州臘味，色澤鮮明，味美甘香，薄而脆嫩，甜而不膩，向有「甜臘」之稱，是潮汕人秋冬季節最喜愛的食品之一。

❷ · 喜好方便食品簡單快捷

改革開放後的東南地區是全國經濟發展最為迅速的地區之一，第三產業的迅速發展，流動人口的不斷增加，城市生活節奏的加快，家務勞動的社會化發展等，使人們更加需要簡單快捷的方便食品，以節約時間成本。因此，各類休閒食品、方便食品、方便半成品、罐頭食品、冷凍、速凍食品和冷凍飲品等應運而生，成為東南地區人們日常生活不可缺少的食物。

肉脯肉乾是以畜、禽肉為主要原料，經調味燒煮烘烤而製成的熟肉乾食品，在我國有著悠久的歷史。隨著東南經濟的快速發展，東南人們外出旅遊度假、休閒娛樂活動日益增多，肉脯肉乾等休閒食品由於其營養豐富、攜帶方便、口感好等特點，成為人們外出旅遊的必備食品，像福建豬肉乾、牛肉乾，開封即可食用，且鮮香撲鼻。福建的肉鬆更是全國有名，營養豐富，耐貯藏，便攜帶，易消化，是閩粵地區老弱、兒童最常食用的休閒食品之一。

東南水果蔬菜豐富，各式水果罐頭應有盡有。東南人還創製了適合現代人口味的各種休閒蜜餞食品，主要有草製品、蜜製品、醬製品和話化製品等。也有用水產、海味食品做成的魚糜和乾製品，方便又耐存。

速凍食品也首先在東南出現。大致可以分為四類：果蔬類：如凍果汁、速凍草莓、荷仁豆、蒜苗等；水產類：凍魚、蝦、蟹等；畜禽肉蛋類：凍雞、肉、蛋等；調理食品類：凍餃子、包子、餛飩等。這些速凍食品為東南百姓帶來了快捷、方便和美味。

❸ · 崇尚保健食品講求營養

改革開放的東風使東南地區的經濟發展領先於其他地區，所以消費水平也高於其他地區，加之東南人民素有講究進補的傳統習俗，因此一些保健食品勢頭漸旺，諸如孕婦食品、嬰幼兒食品、兒童食品、中老年食品和功能性食品走進了東南人的家門。

東南人對保健食品的追求是從奶製品開始的，如速溶奶粉、母乳化奶粉、嬰兒奶粉、多維奶粉、多維麥乳精、牛奶豆漿晶、酸奶製品等。東南人喜歡買以傳統方式生產的食品，如強化食品、蜂王漿口服液、龜苓膏、菊花晶、當歸晶、三蛇酒、龍蝨酒等。此外，米麵保健產品也深得東南百姓喜愛，如黑米年糕、黑米八寶粥、黑米粉、黑芝麻糊、花生芝麻糊、杏仁糖、多味營養麵、多味營養米、高蛋白營養米粉、強化淮山米粉、母乳化奶粉等。

東南人注重營養保健食品，增強了民眾的體質。

❹ · 返璞歸真，追求綠色健康的食品

東南經濟的快速發展給人們提供了豐富多彩的食品，隨之也產生了環境污染和食物污染的負效應。面對本地食品受環境污染日益嚴重和新鮮果蔬噴灑農藥過多的現實，使東南人們對食品質量的要求提高了，綠色食品受到青睞。主要表現在：一是要求食物的品種優良，營養豐富，口感要好；二是注重食品加工質量，拒絕接受濫用食品添加劑、防腐劑、抗氧化劑和人工合成色素的食品；三是要求食品衛生，關注食品是否有農藥殘留污染、重金屬污染、細菌超標等；四是注重包裝的新穎美感和包裝的材質，以及是否會對食品產生污染等。

針對人們對綠色食品的巨大需求，東南地區大力發展優質綠色食品，如廣西的

沙田柚、羅漢果，福建的龍眼、茶葉，廣東的荔枝、柑橘，海南的椰子等，並形成了相當多的綠色食品種養基地。

東南多山，山區最寶貴的資源是純自然的綠色食物、含有豐富礦物質的水源、高負離子的清新空氣等。東南人在休閒時節喜歡到山區農莊品嚐天然野味和無污染食品，購買無污染農產品，呼吸清新空氣，這成為了一種新的飲食時尚。在追求綠色食品的同時，玉米、白薯、小米、蕎麥麵等粗糧雜麵重新走上了東南百姓的餐桌。

三、東南飲食業的空前繁榮

❶·以粵菜為中心的百花齊放局面

改革開放以來，中外文化交流的加深和外國飲食文化的傳播，促使粵菜、閩菜的烹飪技法有了進一步提高；香港的繁華興旺及當地人民生活水平的提高，促進了新派粵菜的興起；人民對美食質量口味的追求，呼喚著更多的美味佳餚出現。自此，「文革」時期壓制美食的風氣被徹底打破，東南飲食文化重新煥發了勃勃生機，飲食市場出現了百花齊放的局面。

◀圖7-1 「泮溪畫舫」酒家

粵菜是在長期的發展過程中博采中外飲食之長而形成的一大菜系，用料廣博、選料精美是其一大特色，大膽吸納他家烹飪精華加以創新是其不斷發展的基礎。美國的龍蝦、澳洲的鮑魚、日本的人造食品、東南亞的瓜果等原料，美國的地捫番茄醬、OK汁、沙律醬，英國的李派林喼汁、吉士粉，瑞士美極鮮醬油，日本京都骨汁和食用色素等調料，以及焗、煎、炸等西方的烹飪技術，都在粵菜中得到了運用。例如「果汁肉脯」類的粵菜菜式，即是借鑑西餐的「豬扒」烹飪方法創製出來的。

新派粵菜的出現進一步突破了舊式粵菜的傳統框架。它運用先進炊具，糅合南北風格，混合中西口味，進行中菜西法、西菜中法的創新；相繼採用黑椒汁、香橙汁、牛柳汁、海鮮醬油、煲仔醬、沙爹醬、川醬、XO醬、卡夫醬等各種中外味型的汁醬，遵循菜餚調味從單一到復合的規律，使粵菜得到進一步發展。新派粵菜興起於二十世紀五〇年代的香港，二十世紀八、九〇年代傳入廣東並大行其道。粵菜以求新、求精、求廣為特色，在廣東經濟的騰飛的背景下，二十世紀八〇年代後，粵菜大規模東進、西闖、北上、南下，所到之處呈現無法抗拒的魅力。人們以品粵菜為時尚，以進粵菜館為身分像徵，粵菜在國菜中地位陡然提升。之後，粵菜進一步向東亞、東南亞、歐美等國家進軍，有華人的地方就有了粵菜。

國內、國外飲食文化的大範圍交流，是這一時期的重要特徵。

在廣州、深圳、福州、廈門、桂林、南寧等東南地區的大中城市，國內外各地酒家紛紛出現，如湘菜、川菜、重慶火鍋、貴州火鍋、東北菜、山東菜、江浙菜、淮揚菜及日本料理、韓國燒烤、東南亞風味、歐美西餐等中外風味菜，各自展示自己的風采。飲食新潮一波接一波，鐵板燒系列、河海鮮系列、野味系列、火鍋系列、煲仔系列等出現在各大飯店酒家的菜單上。餐飲食肆一家接一家，個體、私營的中小餐館如雨後春筍般湧現，大街小巷出現了大小不一乾淨新鮮的餅屋、麵包屋，麥當勞、肯德基等外國快餐連鎖店在各大繁榮街道紛紛開業，又出現了粥城、茶餐廳、啤酒屋、咖啡廳、酒吧等新型食肆，而大排檔的出現可謂是東南飲食文化的一道靚麗風景。

東南大排檔興起於二十世紀七〇年代末八〇年代初，本為私人開設的條件簡陋

的街邊飲食店檔，開初多經營早餐和宵夜。早上主要供應腸粉、粥品、包點等早餐；晚上則多占道經營，在長街中擺開一排桌椅，為食客提供打邊爐（火鍋）、狗肉煲、炒田螺、牛肉丸以及各式小炒等，雖然環境較低檔，但由於味道講究，價格適宜，所以一出現即深受平民百姓的喜愛。隨城市衛生的整頓和老百姓對飲食的講究，八〇年代中期以來東南大排檔發生了很大的變化：店內重新裝修，講究用餐衛生，露天餐位的設施如同室內，且普遍增設午、晚餐，營業時間從早晨到深夜，甚至通宵，供應品種從菜品點心到海鮮野味等。由此帶來了菜式價格的提高。但由於大眾化的經營，大排檔仍受到工薪階層的光顧，尤其是經營煲仔飯的大排檔更受歡迎。同時，珠江三角洲的茶樓酒家早、中、晚茶市傳統的恢復，在早茶、晚茶的氣氛中民眾談天說地把話家常的熱鬧場面，更是平添了坊間風情。

　　各式餐館的出現及飲食業的激烈競爭，給東南餐飲業帶來了優勝劣汰的市場洗禮，不少傳統老店和菜餚敗走麥城，一批新的酒樓餐館和新式菜餚紛紛登場，並迅速贏得了食客的青睞。例如，二十世紀八〇年代，清平飯店的「清平雞」、廣州酒家的「文昌雞」、東江飯店的「東江鹽焗雞」、麓鳴酒家和東方賓館的「市師雞」、大同酒家的「脆皮雞」、泮溪酒家的「桶子油雞」、新陶芳酒家的「蜆蚧雞」、九記的「路邊雞」、廣大路的「百歲雞」、週記的「太爺雞」是食客公認的廣州「十大名雞」，清平飯店曾在1996年中秋節創下了出售17200只清平雞的歷史紀錄，「清平雞」也贏得了「廣州第一雞」的美譽。時過境遷，進入21世紀，曾經風光的「清平雞」隨清平飯店的倒閉而消失，「百歲雞」隨店面遷移而日薄西山，週記的「太爺雞」因缺乏創新而大不如前。在這些名雞退出廣州飲食歷史舞台之際，伴隨而來是新的飲食名雞的出現，如大可以飯店的「真味雞」、黃埔華苑的「風沙雞」、惠愛酒家的「惠愛鮮味雞」、水稻田美食酒家的「秘製湛江香草雞」等，紛紛獲得食客的好評，併入選了廣州新「十大名雞」行列。「無雞不成宴」，雞肉在廣州人心中占有重要的地位，這種優勝劣汰的市場競爭機制，打破了過去國營飲食店一統天下的局面，促進了東南飲食業的繁榮。

❷·外國飲食餐館向東南地區進軍

由於東南地區所處的特定地理環境和歷史條件，外國飲食文化很早就得以傳入，五四運動後的二十世紀二、三〇年代，在廣州、福州等東南地區大城市中曾掀起了開設西餐廳的高潮；至二十世紀八、九〇年代，隨改革開放的進一步深入，外國飲食業掀起了向中國進軍的新一波高潮。

東南地區有著諸多的優勢，足以吸引外國餐飲業的投資者，如中國政府優惠的對外政策，東南地區巨大的消費市場，內地湧入東南地區的大批廉價勞動力，靠近港澳台和東南亞的先天優勢，東南地區有眾多來此工作或旅遊的外國人士等一系列因素，使得許多外國投資者肯於解囊，這其中以歐美西方發達國家的投資者為主。他們不僅給東南地區帶來了巨額的資金和良好的飯店經營管理經驗，也帶來了西方飲食文化的精粹，外國餐館直接進入東南餐飲市場以後，開始與粵菜、閩菜等國內傳統菜式展開了激烈的競爭。縱觀東南地區在華的西餐業，大致可分為如下幾種：

（1）星級酒店的西餐廳　廣州中外合資的幾大五星級酒店，如白天鵝賓館、花園酒店、中國大酒店等，都有按照現代西餐標準佈置的高檔西餐廳，價格比較昂貴，裡面環境舒適幽雅，服務規範完美，還配備樂師演奏西方古典音樂，充滿濃郁的西方浪漫而溫馨的情調；菜式以英、法、義等國為主，經營的早、中、晚餐均按照各國的風俗習慣而來，令人猶如身臨其境，非常適合來華的外國投資者和國內富裕階層，真正是高檔消費、一流享受。

（2）專門的西餐館　西餐館的消費水平不如星級酒店的西餐廳高，主要針對中收入階層。其特點是就餐時間快，客流周轉大，口味大眾化。這類餐館主要經營歐美套餐或東亞、東南亞菜式，如日本壽司、韓國料理、泰國菜館、印度尼西亞菜館等。東南地區很多經濟發達、旅遊業興旺的中大城市，這樣的西餐館不在少數，廣州的西餐館尤其為多，例如位於沿江中路的東南亞風味餐廳、建設大馬路的明旺莊韓國料理和天河城以經營日本菜式為主的餐廳等。

（3）西式快餐店　西式快餐店在內地的興起是二十世紀九〇年代，麥當勞、肯德基、必勝客等快餐店憑藉乾淨的環境、良好的服務、優質的食品、實惠的消費、

快捷的優勢，一開始便受到消費者的喜愛，引領了一股中國飲食潮流。目前，麥當勞、肯德基等西式快餐店已遍及香港、澳門、廣州、深圳、廈門、福州、南寧、桂林等東南地區大中城市，廣州更是普及，幾乎每條繁華的大街都有。這些西式快餐店實行連鎖式經營，上設集團，下設各個分店，經營品種為炸雞、漢堡包、炸薯條等。

（4）咖啡廳和酒吧　作為西方文化的一種，咖啡廳和酒吧總給人一種浪漫的感覺：乾淨而整潔的餐廳，昏暗而多彩的燈光，輕緩而柔和的音樂，兩至三人相視而坐，面前一杯濃濃的咖啡或者西式飲料，令人心曠神怡。近年來，東南地區眾多的高級賓館、酒店均設有這類飲食場所，既方便客人會客與休息，也可招攬更多的旅客；甚至一些大型商業公司或文化娛樂場所也增闢此類食肆，以吸引更多的顧客。另外，一些很有眼光的個體戶也投資創辦專門的咖啡廳和酒吧。其營業時間長，一般是早晨八九點至深夜二三點；經營品種多，有冷熱飲品、啤酒、紅酒、雞尾酒、西點等；服務設施好，一般都配有卡拉OK設備，在這裡顧客得到與眾不同的享受，也使店家收益不菲。

（5）麵包餅屋店　一些著名的西方食品公司也紛紛在華設立麵包餅屋店，如廣州有名的聖安娜餅屋店等，由此帶動了廣州本地麵包餅屋店的盛行。

❸・東南快餐業的崛起

快餐起源於西方，是隨著生活水平提高、生活節奏加快和家務勞動社會化而產生和發展的。著名科學家錢學森曾經提出：「快餐就是烹飪的工業化。」二十世紀九〇年代，隨著東南地區經濟的高速發展，現代都市人生活節奏的不斷加快，人們對飲食要求也趨向簡潔化和隨意化，快餐業由此應運而生並迅速崛起。

廣州、深圳、廈門、福州等現代都市的很多年輕白領，平時的生活節奏非常快，工作壓力大，誰也不願為了填飽肚子而浪費更多的學習和工作時間。西式快餐的便捷性是它的一大優勢，從點餐到拿到手上只要十幾秒鐘甚至更短，而其靈活的經營手段也順應了這種消費需求，無論堂吃還是外賣，即買即吃的快餐非常符合他

們的生活節奏。另一方面，西式快餐食品和中國傳統食品有較大區別，「漢堡炸雞」這種西式的獨特風味吸引了越來越多的人，尤其是小孩。

西式快餐的餐飲科學化、服務人性化和顧客平等化，是獲得消費者青睞的另一制勝之寶。現代快餐業具有嚴格的工藝標準與適用工業化生產的加工設備。所用原料和輔料的選配及加工都有嚴格的量化與營養配比。如肯德基家鄉雞製作時，要求雞塊在油鍋中炸13分30秒。準確科學的選配與製作保證了產品品質的穩定及合理的營養比例，符合現代人重視質量與講究營養的特點。西式快餐還有體貼入微的服務。麥當勞對其店堂設施的每個細節都要求盡善盡美，如在研究出最適合人們從口袋掏錢的高度是92釐米時，傳統櫃檯就都被改為92釐米。面面俱到的服務為快餐業贏得了大量的顧客。另外，與中餐講究雅座不同，西式快餐店沒有單間，所有桌椅全部設置在大餐廳內，井然有序；同時，與中餐分低、中、高檔不同，西餐沒有檔次之分，價格比較實惠，所有菜餚價格相差不大，這也非常適合了中國老百姓追求平等的消費心理。

經過十幾年的高速發展，麥當勞、肯德基等西式快餐已經遍布東南各大中城市，融入了東南人的日常生活之中。在低齡群體中，肯德基、麥當勞的名詞在他們叫來已經無比親切了。這裡闢有兒童娛樂的場地，不吃飯也可以進來玩、進來坐歇，因此一到節假日，西式快餐店裡人頭攢動。西式快餐成為了年輕人就餐的首選。

同時，東南中式快餐業也得到迅速發展。在每個城鎮的街頭巷尾，經營盒仔飯、煲仔飯、粉麵、餃子等的中式快餐店比比皆是。中式快餐店有的較上檔次，也有一些質量不穩定、衛生條件和服務態度欠佳的。西式快餐在東南內陸城市的流行，給中式快餐業帶來巨大的衝擊。可喜的是，在洋快餐的啟發下，東南中式快餐店意識到自己的危機，借鑑洋快餐「優質快捷的食物、良好快捷的服務，清潔幽雅的環境」的經營之道，出現了一批可以和洋快餐相抗衡的中式快餐店。例如位於廣州中山二路的「大家樂」中式快餐店，以其乾淨明亮的環境、自助餐式的經營和熱情周到的服務贏得了很多白領階層的青睞，而「大西豪」和「藍

與白」已經具有了一定的規模，成為廣州地區很有名氣的中式快餐連鎖店。發源於東莞的「168」蒸品店，是以主打原盅蒸湯、蒸飯為主的中式快餐店，由於經營有方，並於二○○四年改名為「真功夫」後，業務得到巨大發展。二○○八年「真功夫」米飯銷量突破5000萬份，全國有360家直營店，成為直營店數最多、規模最大的中式快餐連鎖企業，也是中國快餐五強企業中唯一的中國本土快餐品牌。

西式快餐和中式快餐互相促進、互相競爭的局面，推動了中式快餐的改良和進步，加快了東南快餐業的發展，為東南飲食文化增添了靚麗的色彩。

❹ · 新時期飲料的創新

東南炎熱，冬短夏長，對水的需求強烈。飲料產品日益受到東南民眾的重視，不僅出現在各種社交場合，而且開始進入家庭，擺上餐桌，逐漸成為老百姓日常生活的必需品。到二十世紀八○年代末期，東南地區除碳酸飲料外，各種新型的飲料產品相繼上市，如礦泉水天然型、中國式可樂型、天然果蔬汁型、豆奶營養型、乳酸發酵型等。

果汁作為一種新型飲料，為身體提供了不可缺少的天然化合物，包括果糖、酶、礦物質、有機酶、胡蘿蔔素、蛋白質和維生素，因此有著非常大的市場需求。主要品種有：芒果汁、橙汁、蘆柑果汁、鮮橘汁、荔枝果汁、鮮馬蹄汁、椰子汁、芒果汁、水蜜桃汁、菠蘿汁等。

豆奶是含有人體所必須的八種必須氨基酸和維生素E，還含有大量不飽和脂肪酸，容易被人體消化吸收，可以降低對膽固醇的吸收，深受消費者青睞。

飲料的包裝形式也發生了巨大變化，東南的飲料生產開始進入了新的發展時代。其中，汽水是東南地區的傳統飲料，以碳酸飲料為主，口味有橙汁、檸檬和荔枝等，深受東南人民的喜愛。

茶飲料是當今世界三大無酒精飲料之一，是以茶葉的水提取液或濃縮液、速溶茶粉為原料，經加工、調配等工序製成的茶湯飲料和調味茶飲料，被譽為「二十一

世紀的健康飲料」。東南地區早期的茶飲料主要是各類茶湯飲料，像菊花茶、冬瓜茶、檸檬茶等。時下風行的茶飲料有冰綠茶、冰紅茶以及冰烏龍茶系列，以天然、時尚、健康、方便為主題，口味各異，具有消暑解渴提神之功效。

廣東的涼茶飲料也備受歡迎。它不但能祛毒降火，而且與其他食品一起搭配更顯風味，如甘蔗汁清甜爽口，酸梅湯酸甜消滯，菊花雪梨茶潤喉化痰，火麻仁茶清腸通氣等。

四、飲食文化研究方興未艾

經濟的繁榮帶動了文化的發展。這一時期東南地區一大批學者開始涉足飲食文化的研究，取得了不菲的成績，並出現聞名全國的飲食文化研究者。

作為我國較早涉足中國飲食文化研究的學者，暨南大學林乃燊教授於一九五七年即在《北京大學學報》（第2期）發表了《中國古代的烹調和飲食——從烹調和飲食看中國古代的生產、文化水平和階級生活》，該文從烹調和飲食的角度，透視了中國古代的食料、食器生產、文化風尚和社會生活，引起了國內外文化學者的關注。一九八九年，他出版了《中國飲食文化》專著，在學術界引起了強烈的反響，此後臺灣再版了他的著作。一九九七年，他接著又出版了《中國古代飲食文化》簡本（商務印書館出版），臺灣又出版了該簡本的繁體字版，日本也即將印行日文版。一九九九年，他撰寫了構思新穎、別具創意的新作《中華文化通志——飲食志》。這些著作奠定了林老在中國飲食文化研究中的學術地位。

出生於福建省安縣的陳椽教授（1908-1999年）是我國著名的茶學家、茶業教育家和製茶專家，他不僅在開發我國名茶生產方面獲得了顯著成就，而且著述頗豐，如《製茶全書》《茶業通史》等。《茶業通史》可算是一部開先河之作，也是國內第一部全面研究古今中外茶事茶史的大著，為茶界人士案頭必讀之書。

東南地區有關中國飲食文化研究的書籍還有很多，如鐘征祥著的《食在廣州》（廣東人民出版社1980年），廣州市服務局教研組編的烹調技術教材《廣東菜》（廣

東科技出版社1981年），胡海天、梁劍輝主編的食療菜譜《飲食療法》（廣東科技出版社1981年），周光武主編的《中國烹飪史簡編》（廣東科普出版社1985年），暨南大學陳偉明教授的《唐宋飲食文化初探》（中國商業出版社1993年），廣東韓山師範學院陳香白教授的專著《中國茶文化》，（山西人民出版社2002年）廣東省社科院院長張磊《廣東飲食文化匯覽》（暨南大學出版社1993年），高旭正、龔伯洪合著的《廣州美食》（廣東省地圖出版社2000年），劉滿球《廣州第一家》（廣東高等教育出版社1999年）等。研究東南飲食文化的學術論文更是繁多，如陳偉明《唐宋華南少數民族飲食文化初探》（《東南文化》1992年第2期）、方素梅《壯族飲食文化的歷史探析》（《廣西民族研究》1998年12期）等。隨著東南地區飲食文化研究的深入，「食文化研究會」在各地紛紛成立，最知名的是成立於二〇〇四年的廣東省食文化研究會，對推動廣東飲食文化的發展起了重要作用。

第三節　東南飲食文化的反思與借鑑

一、關於吃的反思

東南人民創造了輝煌的飲食文化，在歷史的長河中留下了濃量重彩的一筆，然而在科學技術迅猛發展的今天，我們有必要回首審視一下，我們的行為中有無違背科學需要反思之處，以此進行一次傳統行為的揚棄。

嚼食檳榔是東南地區人從古至今的嗜好，現代醫學研究表明，吃檳榔對人體健康危害較大，不少口腔癌患者都是由於常年吃檳榔所致，而臺灣男性口腔癌發病率在世界華人地區排名第一，嚼食檳榔還會造成口腔硬化等病變，因此臺北管理部門已立法限制販賣和嚼食檳榔。

東南地區依山傍海，動物資源豐富而奇異，飲食原料廣、博、奇、雜，由此造就了東南人敢吃、會吃的飲食風格。在這種風氣下，一部分人日益追求野味的奇

特、海鮮的奇異，各種瀕危動物更是他們的夢寐之求，於是濫捕、濫殺、濫吃珍稀動物，造成了東南很多珍稀動物的絕種，以及引發了一些疾病的流行。這不能不令人深思。如今東南人民已經意識到這種濫殺、濫吃珍稀動物帶來的危害，保護珍稀動物，轉換食物口味，不求一時的口福之慾已成為東南人民的共識。

東南人喜食精白米，這一傳統應作改變，因為精米的營養價值比不上粗米，只是口感上富於彈性，外表潔白美觀而已。商家迎合人們的愛好，把稻米再次精加工，把最有營養價值的表層都加工掉了，十分可惜。

東南人缺鈣和患有糖尿病、冠心病的情況比較嚴重。資料顯示，廣東人糖尿病發病率高達3.96%，其中廣州人達6.48%，大大高於全國水平的3.65%，這與他們的飲食習慣大有關係。東南是產糖區，愛吃甜食是糖尿病的重大隱患。高血脂、冠心病與高脂肪的攝入成正比，這和他們多食肉類、油炸食品不無關係，更與粵菜、閩菜重鮮活，加工過於精細有關。粵菜、閩菜重鮮嫩，小炒八九成熟即起鍋，有害的病菌蟲害未及殺死，容易造成安全隱患。粵菜重老火靚湯，過度的熬煮導致葉綠素和維生素A的喪失，減少了營養。廣東人愛煲骨頭湯，熬湯時間都很長，這固然有利於鈣質的充分溶解，但也使湯含有大量油脂，不利對鈣的吸收利用。東南人嗜好生猛海鮮，自然造成蛋白質的過量吸收，引起鈣排出量的增加，再加上人們習慣於飲早茶，吃白粥，很少吃豆漿和牛奶，所以補鈣不科學造成了骨質疏鬆、骨質增生以及嚴重缺鈣等病症。

東南地區的民眾多有喜食消夜的習慣，現代科學表明消夜對胃的健康不利，特別是消夜中的魚、蝦、蟹等，會導致鈣在腎臟沉積而產生結石。東南人有吃魚生的習慣，它很容易引發肝吸蟲病和多種寄生蟲病。此外，兩廣和海南是我國鼻咽癌和大腸癌的高發病區，據研究，這與食用過多的醃菜和發酵食品有一定關係。

對於東南飲食出現的這些問題，首先要更新飲食觀念，建立科學的飲食觀；繼而要深入開展食療研究，從科技和醫學中獲取結論，使東南飲食朝著科學、綠色、健康的方向發展。

二、學習與借鑑

在美食的天地中，一些地方一直得風氣之先，它們以獨特的優勢和超人的智慧打造出了美食的天堂。香港、澳門、臺灣即是大獲成功者，值得學習與借鑑。

被譽為「美食天堂」的香港是一座充滿魅力的國際大都市。世界各國的名菜大部分都可以在香港找到它的足跡，晚上漫步在香港街頭，色彩繽紛的飲食霓虹燈廣告令人歎為觀止，真正感受到香港世界美食的風采。為何香港能吸引世界各地美食？為何林林總總的飲食店家能得以生存？為何眾多的餐飲店沒有把港島污染？這正是香港飲食文化的優長所在。首先是一絲不苟、精益求精的製作工藝，即使是一碗粥也要做到極致。坐落在香港上環畢街的生記粥店，被美食家蔡瀾稱之為「全香港最好吃的粥」。其粥品用豬骨瘦肉、瑤柱熬足四小時作湯底，再加上泰國香米和腐竹煲上三小時，煮就綿滑甘香的粥底，然後選配各種新鮮食料滾熟，其功夫之深令人欽佩。位於九龍尖沙咀的劉森記麵家創建於一九五六年，多年來堅持使用自家製作的竹昇麵，每天打麵長達四小時，其麵條根根分明，粗細適中，充滿彈性，如此精心巧製，常使食客如雲。有著六十多年歷史的鏞記酒家，是香港最具代表性的食府，其名牌美食「飛天燒鵝」列為香港十大手信（紀念品）之一，其製作精細入微，皮薄而脆，色香味美，肥而不膩。其品位與工藝超過了燒鵝發源地的珠江三角洲。其次是善於借鑑他人之長補己之短，無論是中餐、西餐；茶餐、正餐都可以信手拈來幻化得天衣無縫，如香港盛行的「茶餐廳」就是中西結合和快餐經營的優秀典範，它規模雖小，但菜式多樣，深受各階層人士的青睞。蘭桂芳的酒吧一條街是西式風格，它吸納了諸多的現代時尚元素，使得客源如流，長盛不衰，為東南大城市的酒吧經營提供了可資借鑑的經驗。

澳門開埠已有數百年的歷史，作為一個旅遊城市，澳門一直努力地擦亮自身的飲食文化招牌，以高文化含量著稱的各種博物館裡，都有異常豐富的飲食文化內容。在這個不大的城市裡，餐飲業搞得風生水起。如近年興起的媽閣廟前的葡餐一條街生意興旺，關閘一帶的食肆如雨後春筍般湧現，大三巴牌坊一帶手信食品的街

區越來越繁榮，在各條街道幾乎都可以找到頗具情趣的酒吧。最為氣派的當數與博彩聯成一體的各大酒店，如威尼斯、葡京、金沙、星際等。各大娛樂場所和飲食服務密切配套。有些娛樂場所甚至推出免費飲食的奇招，更是誘人心動。另外澳門酒店的勞動人手不多，但管理工作井然有序，這些都是大陸應該借鑑的。

臺灣是典型的移民社會，臺灣飲食的主流是粵菜大系，閩潮菜和客家菜最為突出。但西菜、日本菜、韓國菜也大有市場，今天的臺灣飲食業與廣州和香港已是並駕齊驅了。臺灣的發展最值得借鑑的經驗是廣納百川，兼收並蓄。以臺北市華陰街著名的廣東客家菜館——天橋飯店的營業菜式為例，該店除了經營傳統的客家名牌以外，還有川菜風格的諸多菜品，以及東南亞風味、海濱風味多種菜式。相比之下大陸客家菜館就顯得過於守舊和傳統了。

他山之石，可以攻玉。借鑑他人之長完善自己是東南飲食文化發展的必循之路。

參考文獻※

一、古籍文獻

〔1〕佚名・逸周書匯校集註：卷七・上海：上海古籍出版社，2007・

〔2〕戴聖・禮記・鄭州：中州古籍出版社，2010・

〔3〕佚名・詩經・北京：中華書局，2006・

〔4〕子貢・越絕書・北京：人民出版社，2009・

〔5〕屈原，等・楚辭・北京：中華書局，2010・

〔6〕呂不韋・呂氏春秋・鄭州：中州古籍出版社，2010・

〔7〕司馬遷・史記・北京：中華書局，1982・

〔8〕班固・漢書・北京：中華書局，1962・

〔9〕范曄・後漢書・北京：中華書局，2007・

〔10〕劉安・淮南子・桂林：廣西師範大學出版社，2010・

〔11〕許慎・說文解字・北京：中華書局，1963・

〔12〕陳壽・三國志・北京：中華書局，1959・

〔13〕葛洪・肘後救卒方・北京：人民衛生出版社，1956・

〔14〕賈思勰・齊民要術校釋・繆啟愉，校釋・北京：農業出版社，1982・

〔15〕蕭統・文選・北京：中華書局，1997・

〔16〕酈道元・合校水經注・王先謙，校・北京：中華書局，2009・

〔17〕姚思廉・梁書・北京：中華書局，1973・

〔18〕劉恂・嶺表錄異・北京：中華書局，1985・

〔19〕陸羽・茶經・杭州：浙江教育出版社，2012・

〔20〕韓愈・韓昌黎全集・北京：燕山出版社，1996・

〔21〕段公路・北戶錄・北京：中華書局，1985・

〔22〕義淨・大唐西域求法高僧傳・北京：中華書局，1988・

※　編者註：本書「參考文獻」，主要參照中華人民共和國國家標準GB/T 7714-2005《文後參考文獻著錄規則》著錄。

中國飲食文化史　東南地區卷・下冊

〔23〕孫思邈・千金方・北京：人民衛生出版社，1982・

〔24〕沈括・夢溪筆談・上海：上海出版公司，1956・

〔25〕李昉・太平御覽・北京：中華書局，1960・

〔26〕李昉・太平廣記・北京：中華書局，1961・

〔27〕歐陽修，宋祁・新唐書・北京：中華書局，1975・

〔28〕歐陽修・新五代史・北京：中華書局，1974・

〔29〕唐慎微・重修政和經史證類備用本草・北京：中醫古籍出版社，2012・

〔30〕蔡襄・荔枝譜・北京：中華書局，1985・

〔31〕蔡襄・茶錄・北京：中華書局，1985・

〔32〕莊綽・雞肋篇・北京：中華書局，1983・

〔33〕郭祥正・青山集・刻本，1924（民國十三年）・

〔34〕宋子安・東溪試茶錄・中華書局，1985・

〔35〕丁謂・北苑茶錄・北京：中華書局，1985・

〔36〕趙汝礪・北苑別錄・北京：中華書局，1985・

〔37〕趙佶・大觀茶論・北京：中華書局，1985・

〔38〕楊時・楊時集・福州：福建人民出版社，1993・

〔39〕朱彧・萍州可談・叢書集成初編本・

〔40〕蘇軾・東坡奏議・全國圖書館文獻縮微複製中心，1988・

〔41〕范成大・桂海虞衡志・北京：中華書局，1985・

〔42〕吳自牧・夢粱錄・北京：文化藝術出版社，1998・

〔43〕王應麟・通鑑地理通釋校註：卷五・成都：四川大學出版社，2010・

〔44〕林洪・山家清供・北京：中國商業出版社，1985・

〔45〕梁克家・淳熙三山志・文淵閣四庫全書本・

〔46〕李俊甫・莆陽比事・上海：上海商務印書館，1935・

〔47〕陽枋・字溪集・文淵閣四庫全書本・

〔48〕趙汝适・諸蕃志・北京：中華書局，1985・

〔49〕黃裳・演山集・臺北：臺灣商務印書館，1986・

〔50〕程大昌・演繁露續集・北京：中華書局，1991・

〔51〕葉適・水心先生文集・刻本，1448（明正統十三年）・

〔52〕周去非・嶺外代答・北京：中華書局，1985・

〔53〕祝穆‧方輿勝覽‧北京：中華書局，2003‧

〔54〕脫脫，等‧宋史‧北京：中華書局，1985‧

〔55〕洪希文‧續軒渠集‧臺北：臺灣商務印書館，1986‧

〔56〕周達觀‧真臘風土記‧北京：中華書局，1985‧

〔57〕完顏納丹，等‧通制條格‧杭州：浙江古籍出版社，1986‧

〔58〕釋繼洪‧嶺南衛生方‧北京：中醫古籍出版社，1983‧

〔59〕宋濂，王禕‧元史‧北京：中華書局，1976‧

〔60〕謝縉‧永樂大典‧北京：中華書局，2012‧

〔61〕何喬遠‧閩書‧福州：福建人民出版社，1994‧

〔62〕李時珍‧本草綱目‧北京：人民衛生出版社，2004‧

〔63〕黃仲昭‧八閩通志‧福州：福建人民出版社，2006‧

〔64〕周瑛，黃仲昭‧興化府志‧福州：福建人民出版社，2007‧

〔65〕陸容‧菽園雜記‧北京：中華書局，2007‧

〔66〕萬曆邵武府志‧刻本，1619（明萬曆四十七年）‧

〔67〕王士性‧廣志繹‧上海：上海古籍出版社，1993‧

〔68〕王世懋‧閩部疏‧北京：商務印書館，1936‧

〔69〕唐順之‧唐荊川先生纂輯武編‧刻本‧徐象枟曼山館，1573-1620‧

〔70〕《德化縣志》編纂委員會‧嘉靖德化縣志‧明刊本膠卷‧北京：新華出版社，1992.

〔71〕《寧化縣志》編纂委員會‧嘉靖寧化縣志‧福州：福建人民出版社，1990‧

〔72〕嘉靖廣東通志‧廣州：廣東省地方志辦公室謄印本，1997‧

〔73〕陳懋仁‧泉南雜志‧北京：中華書局，1985‧

〔74〕葉向高‧蒼霞草全集‧揚州：江蘇廣陵古籍刻印社，1994‧

〔75〕柴鑣‧永春縣志‧刻本，1526（明嘉靖五年）‧

〔76〕葉權‧賢博編‧北京：中華書局，1987‧

〔77〕林重元‧嘉靖欽州志‧上海：古籍書店，1961‧

〔78〕王世懋‧閩部疏‧北京：中華書局，1985‧

〔79〕王世懋‧學圃雜疏‧濟南：齊魯書社，1997‧

〔80〕胡居安‧仁化縣志‧廣州：中山圖書館，1958‧

〔81〕彭輅‧英德竹枝詞//鐘山，潘超等‧廣東竹枝詞‧廣州：廣東高等教育出版社，2010‧

〔82〕陸以載，等‧萬曆福安縣志‧北京：中央文獻出版社，2003‧

〔83〕黃佐，等・廣西通志・南寧：廣西人民出版社，1992・

〔84〕福建省文史研究館・萬曆福州府屬縣志・北京：方志出版社，2007・

〔85〕古田縣地方志編纂委員會・萬曆古田縣志・北京：方志出版社，2007・

〔86〕陳讓・萬曆邵武府志・刊本，1619（明萬曆四十七年）・

〔87〕計六齊・明季北略・北京：中華書局，1984・

〔88〕王士性・廣志繹・上海：上海古籍出版社，1993・

〔89〕謝肇淛・五雜組・上海：上海書店出版社，2009・

〔90〕費爾南・門德斯・平托，等・葡萄牙人在華見聞錄・王瑣英，譯・海口：三環出版
社，1998・

〔91〕宋應星・天工開物・揚州：江蘇廣陵古籍刻印社，1997・

〔92〕胡宗憲・籌海圖編・臺北：臺灣商務印書館，1986・

〔93〕吳思立・大埔縣志・廣州：中山圖書館，1963・

〔94〕周亮工・閩小記・北京：中華書局，1985・

〔95〕談遷・棗林雜組・北京：中華書局，2006・

〔96〕杜臻・粵閩巡視記略・文淵閣四庫全書本・

〔97〕劉獻庭・廣陽雜記・北京：中華書局，1957・

〔98〕楊英・從征實錄・臺灣文獻業刊第32種・

〔99〕陳夢林・諸羅縣志・臺灣經世新報社，1909・

〔100〕顧祖禹・讀史方輿紀要・上海：上海書店，1998・

〔101〕曹寅，彭定求，等・全唐詩・北京：中華書局，2011・

〔102〕高拱乾・臺灣府志・臺灣文獻叢刊第065種・

〔103〕胡公著・海豐縣志・刻本，1671（清康熙十年）・

〔104〕蔣毓英・臺灣府志，刻本，1685（清康熙二十四年）・

〔105〕高拱乾・臺灣府志・刻本，1695（清康熙三十四年）・

〔106〕黃叔敬・台海使槎錄・北京：中華書局，1985・

〔107〕吳震方・嶺南雜記・北京：中華書局，1985・

〔108〕包桂・雍正海陽縣志・刻本，1734（清雍正十二年）・

〔109〕鄂爾泰，等・雍正硃批諭旨・北京：北京圖書館出版社，2008・

〔110〕范端昂・粵中見聞・廣州：廣東高等教育出版社，1988・

〔111〕董天工・臺海見聞錄・臺北：臺灣文獻委員會，1981・

〔112〕釋如一・福清縣志續略・影印本・北京：書目文獻出版社，1990・

〔113〕范咸・重修臺灣府志・北京：高等教育出版社，2005・

〔114〕臺灣故宮博物院・宮中檔乾隆奏摺：第一輯・臺北：「故宮博物院」，1983・

〔115〕曾日瑛，等・乾隆汀州府志・北京：方志出版社，2004・

〔116〕陳志儀・順德縣志・刻本，1750（清乾隆十五年）・

〔117〕王之正・嘉應州志・刻本，1750（清乾隆十五年）・

〔118〕伍煒，王見川・乾隆永定縣志・刻本，1757（乾隆二十二年）・

〔119〕陳瑛・海澄縣志・刻本，1762（清乾隆二十七年）・

〔120〕李拔・乾隆福寧府志・上海：上海書店，2000・

〔121〕李拔・乾隆福州府志・福州：海風出版社，2007・

〔122〕覺羅四明，余文儀・乾隆續修臺灣府志・臺灣文獻叢刊第121種・

〔123〕張慶長・黎岐紀聞・吳宜燮，修・上海：上海書店，1994・

〔124〕黃惠，李疇・乾隆龍溪縣志・吳宜燮，修・上海：上海書店等，2000・

〔125〕李調元・粵東筆記・上海：上海廣益書局，1917・

〔126〕李調元・南越筆記・北京：中華書局，1985・

〔127〕陸廷燦・讀茶經・文淵閣四庫全書本・

〔128〕馮栻宗・九江儒林鄉志・南京：江蘇古籍出版社・上海：上海書店・成都：巴蜀書社，1990・

〔129〕印光任，張汝霖・澳門紀略・廣州：廣東高等教育出版社，1988・

〔130〕袁枚・隨園食單・揚州：廣陵書社，1998・

〔131〕溫汝能・龍山鄉志・南京：江蘇古籍出版社・上海：上海書店・成都：巴蜀書社，1990・

〔132〕楊桂森・南平縣志・刻本，1810（清嘉慶十五年）・

〔133〕孟超然・瓶庵居士詩抄：卷四・刊本，1815（清嘉慶二十年）・

〔134〕亨特・舊中國雜記・廣州：廣東人民出版社，1992・

〔135〕曹履泰・靖海紀略・臺北：「國史館臺灣文獻館」，1995・

〔136〕方履籛，巫宜福・道光永定縣志・刊印本，1823（清道光三年）・

〔137〕徐香祖・鶴山縣志・刻本，1826（清道光六年）・

〔138〕祝淮・香山縣志・刻本，1827（清道光七年）・

〔139〕周凱・廈門志・玉屏書院刊本，1839（清道光十九年）・

〔140〕林星章・新會縣志・刻本，1841（清道光二十一年）・

〔141〕明誼・瓊州府志・刻本，1841（清道光二十一年）・

〔142〕吳榮光・佛山忠義鄉志・南京：江蘇古籍出版社・上海：上海書店・成都：巴蜀書
社，1990・

〔143〕阮元・道光廣東通志・上海：上海古籍出版社，1995・

〔144〕王凱泰・臺灣雜詠合刻・臺灣文獻叢刊第28種・

〔145〕余促純，等・道光直隸南雄州志・北京：石油工業出版社，1967・

〔146〕林焜熿・道光金門志・刻本・金門：浯江書院，1882・

〔147〕吳穎・潮州府志・廣州：中山圖書館，1957・

〔148〕佚名・安海志・南京：江蘇古籍出版社・上海：上海書店・成都：巴蜀書社，1990.

〔149〕陳壽祺・重纂福建通志・福州：福建教育出版社，1995・

〔150〕薛紹元・臺灣通志・臺灣文獻叢刊第130種・

〔151〕屈大均・廣東新語・北京：中華書局，1985・

〔152〕陳夢雷・古今圖書集成・北京：中華書局・成都：巴蜀書店，1985・

〔153〕黃逢昶・臺灣生熟番紀事・臺北：臺灣省文獻委員會，1997・

〔154〕朱士嘉・中國地方志綜錄・北京：商務印書館，1958・

〔155〕徐松，等・宋會要輯稿・影印本・北京：中華書局，1957・

〔156〕番禺市地方志編纂委員會・番禺縣志・廣州：廣東人民出版社，1998・

〔157〕彭君谷・河源縣志・刻本，1874（清同治十三年）・

〔158〕林豪・彭湖廳志・臺灣文獻叢刊本・

〔159〕鄭鵬雲・同治新竹縣志・臺灣文獻叢刊第61種・

〔160〕蔣敘倫・興國縣志・南昌：江西人民出版社，1988・

〔161〕王錫祺・小方壺齋輿地叢鈔第九帙・杭州：西泠印社，2004・

〔162〕李維鈺・漳州府志・刻本，1878（清光緒三年）・

〔163〕楊瀾・臨汀匯考：卷四・刻本，1878（清光緒四年）・

〔164〕施鴻保・閩雜記・鉛印本，1878（清光緒四年）・

〔165〕戴煥雨・光緒新寧州志・刻本，1878（清光緒四年）・

〔166〕戴肇辰・廣州府志・刻本，1879（清光緒五年）・

〔167〕黃香鐵・石窟一征・刻本，1882（清光緒八年）・

〔168〕王永名・花縣志・刻本，1890（清光緒十六年）・

〔169〕王崧，李星輝‧揭陽縣續志‧刻本，1890（清光緒十六年）‧

〔170〕佚名‧光緒新會鄉土志‧刻本，1908（清光緒三十四年）‧

〔171〕丁紹儀‧東瀛識略‧臺北：大通書局，1987‧

〔172〕黃典權，游醒民‧臺南市志‧臺南：臺南市政府，1978‧

〔173〕德福，等‧閩政領要‧刻本，清光緒年間‧

〔174〕陳伯陶，等‧東莞縣志‧東莞：養和書局鉛印本，1927‧

〔175〕張之洞‧張文襄公全集‧北京：中國書店，1990‧

〔176〕朱士玠‧小琉球漫志‧北京：中華書局，1985‧

〔177〕徐珂‧清稗類鈔‧北京：中華書局，1984‧

〔178〕盧子梭‧盧氏族譜‧刻本，1910（清宣統二年）‧

〔179〕冼寶干‧鶴園冼氏家譜‧刻本，1910（清宣統二年）‧

〔180〕張嶲，等‧崖州志‧廣州：廣東人民出版社，1983‧

〔181〕寂圓叟‧陶雅‧濟南：山東畫報出版社，2010‧

〔182〕張渠‧粵東見聞錄‧廣州：廣東高等教育出版社，1990‧

〔183〕梁明倫‧雷平縣志‧臺北：成文出版社，1946‧

〔184〕劉芳‧清代澳門中文檔案彙編‧章文欽，校‧澳門基金會，1999‧

二、現當代著作

〔1〕劉子芬‧竹林陶說‧石印本，1915（民國十四年）‧

〔2〕黃占梅‧桂平縣志‧鉛印本，1920（民國九年）‧

〔3〕王思章‧增城縣志‧刻本，1921（民國十年）‧

〔4〕王大魯‧赤溪縣志‧刻本，1926（民國十五年）‧

〔5〕威爾斯‧世界史綱‧上海：商務印書館，1927（民國十六年）‧

〔6〕萬文衡‧建陽縣志‧鉛印本，1929（民國十八年）‧

〔7〕劉以臧‧霞浦縣志‧鉛印本，1929（民國十八年）‧

〔8〕李繁滋‧靈川縣志‧石印本，1929（民國十八年）‧

〔9〕陳銘樞‧海南島志‧上海：上海神州國光社，1933（民國二十二年）‧

〔10〕劉錫蕃‧嶺表紀蠻‧北京：商務印書館，1934（民國二十三年）‧

〔11〕魏任重，姜玉笙・三江縣志・鉛印本，1946（民國三十五年）・

〔12〕傅衣凌・明清時代商人及商業資本・北京：人民出版社，1956・

〔13〕高雄市志//中國方志叢書・臺北：成文出版社，1967・

〔14〕臺灣省通志稿・臺北：臺灣省文獻委員會，1969・

〔15〕恩格斯・家庭、私有制和國家的起源・北京：人民出版社，1972・

〔16〕佛山地區革命委員會・珠江三角洲農業志・佛山：佛山地區革命委員會，1976・

〔17〕張星烺・中外交通史料彙編・北京：中華書局，1977・

〔18〕謝國楨・明代社會經濟史料選編・福州：福建人民出版社，1980・

〔19〕廣州市文物管理委員會・廣州漢墓・北京：文物出版社，1981・

〔20〕楊式挺，等・談談佛山河宕遺址的重要發現//文物集刊：第3輯・北京：文物出版社，
1981・

〔21〕甘肅省民族研究所・伊斯蘭教在中國・銀川：寧夏人民出版社，1982・

〔22〕關履權・宋代廣州香藥貿易史論//宋史研究論文集・上海：上海古籍出版社，1982.

〔23〕中國印度見聞錄・穆根來，汶江，黃倬漢，譯・北京：中華書局，1983・

〔24〕連橫・臺灣通史・北京：商務印書館，1983・

〔25〕中國社會科學院考古研究所・新中國的考古發現和研究・北京：文物出版社，1984・

〔26〕梁方仲・梁方仲經濟史論文集補編・鄭州：中州古籍出版社，1984・

〔27〕朱維幹・福建史稿：下・福州：福建人民出版社，1986・

〔28〕R・D・Creme・City of Commerce and Culture・Wing King Tong In Hong Kong1987.

〔29〕陳基，等・食在廣州史話・廣州：廣東人民出版社，1990・

〔30〕廣州市文物管理委員會・西漢南越王墓・北京：文物出版社，1991・

〔31〕馬士・東印度公司對華貿易編年史・廣州：中山大學出版社，1991・

〔32〕詹體仁・游南台民閩粵王廟//全宋詩・北京：北京大學出版社，1992・

〔33〕陳國強・福建僑鄉民俗・廈門：廈門大學出版社，1994・

〔34〕陳歷明・從考古的發現看潮汕文化的演進//潮州學國際研討會論文集：上冊・廣州：暨
南大學出版社，1994・

〔35〕曾騏・潮汕史前文化的新研究//潮州學國際研討會論文集：上冊・廣州：暨南大學出版
社，1994・

〔36〕廣東省歷史地圖集・廣州：廣東省地圖出版社，1995・

〔37〕民國滕山志//中國地方志民俗資料彙編・華東卷・北京：書目文獻出版社，1995・

〔38〕張蓉芳，黃淼章‧南越國史‧廣州：廣東人民出版社，1995‧

〔39〕廣州市地方志編纂委員會‧廣州市志‧廣州：廣州出版社，1996‧

〔40〕方志欽，蔣祖緣‧廣東通史‧古代上冊‧廣州：廣東高等教育出版社，1996‧

〔41〕林國平‧福建省志‧民俗志‧北京：方志出版社，1997‧

〔42〕黃挺‧潮汕文化源流‧廣州：廣東高等教育出版社，1997‧

〔43〕福建省地方志編委會‧福建省志‧民俗志‧北京：方志出版社，1997‧

〔44〕中國第一歷史檔案館，等‧明清時期澳門檔案文獻彙編‧文獻卷‧北京：人民出版
社，1999‧

〔45〕廣東省地方史志編纂委員會‧廣東省志‧廣州：廣東人民出版社，2000‧

〔46〕東莞文史編輯部‧東莞文史——風俗專輯‧東莞：東莞文史資料委員會，2001‧

〔47〕曾昭旋，黃偉峰‧廣東自然地理‧廣州：廣東人民出版社，2001‧

〔48〕覃彩鑾‧壯族史‧廣州：廣東人民出版社，2002‧

〔49〕廣州市文化局‧考古南越璽印與陶文‧廣州：廣州博物館，2005‧

〔50〕徐曉望‧福建通史：第1卷‧福州：福建人民出版社，2006‧

〔51〕民國重修崇安縣志‧北京：北京圖書館出版社，2008‧

〔52〕中華人民共和國民政部‧中華人民共和國行政區劃手冊‧北京：中國地圖出版社，
2009.

〔53〕廣州市政協學習和文史資料委員會‧廣州老字號‧廣州：廣東人民出版社，2010‧

三、期刊

〔1〕許清泉，王洪濤‧福建豐州獅仔山新石器時代遺址‧考古，1961（4）‧

〔2〕廣西壯族自治區文物工作隊‧平樂銀山嶺戰國墓‧考古學報，1978（9）‧

〔3〕廣西壯族自治文物工作隊‧廣西茶城新街長茶地南朝墓‧考古，1979（2）‧

〔4〕韓起‧臺灣省原始社會考述‧考古，1979（3）‧

〔5〕吳玉賢‧河姆渡的原始藝術‧文物，1982（7）‧

〔6〕徐檀‧明清時期的臨清商業‧中國經濟史研究，1986（2）‧

〔7〕桂林市文物工作隊‧桂林市東郊南朝墓清理簡報‧考古，1988（5）‧

〔8〕劉希為，劉磐修‧六朝時期嶺南地區的開發‧中國史研究，1991（1）‧

〔9〕徐曉望·福建古代的製糖術和製糖業·海交史研究，1992（1）·

〔10〕戴一峰·閩南華僑與近代廈門城市經濟的發展·華僑華人歷史研究，1994（2）·

〔11〕謝重光·福佬人論略下·廣西民族學院學報，2001（5）·

〔12〕曾昭璇，曾新，曾憲珊·論中國古代以廣州為起點的「海上絲綢之路」的發展·中國歷史地理論叢，2003，18（2）·

參考文獻

索引※

B

八乾　114，156，198，240

巴戟　61，301，302

白瓷　220，221，222，235，333

白毛茶　18，136，177

白雲豬手　285

白焯螺片　285

百花酒　185，186

百湯百味　233

百越族　3，4，7，26，39，46，47，49，
52，147，159

包辦館　283

包種茶　178，179，182

煲牛頭　150

煲湯　145，146，229，266，302，304，348

《北戶錄》　117，136，138，150，151，
158，160，355，356

《北苑別錄》　125，127，129

北苑茶　13，125，126，127

鼻煙盒　193，194

鼻煙壺　193，194

鼻飲　160，161

扁肉燕　293，335

檳榔禮　322，323

檳榔文化　320，322，324，325

菠蘿蜜　169，255，267

《博物志》　59，153

博狀元餅　338

捕撈　14，19，31，34，44，45，53，153，
203，204，205，208，376

不乃羹　159，160

C

叉燒包　230，289

《茶經》　13，125，132，175，243，332，
356，357

茶焙　126，127，129，357

茶餅　127，128，129，130，145，299，300

茶居　173，288，289，331

茶籠　129，357

茶羅　129，130，357

茶碾　129，130，357

茶鈐　129，130

茶肆　131，329，330

潮菜　196，233，234，235，236，270，
275，308，309，391

炒煙　192

陳皮　243，285，301，302

鯹　14，207，231，232，376

吃熟米　238

臭屁醋　309，310

春捲　295

蠔油　206，207，265，270，285，288，
307，309

※　編者註：本書「索引」，主要參照中華人民共和國國家標準GB/T 22466-2008《索引編制規則（總則）》
編制。

中國飲食文化史　■　東南地區卷・下冊

396

後記

　　聽到出版社說《中國飲食文化史·東南地區卷》即將出版之時，心中之石方有落地之感，然喜悅之情全無，反而有著太多太多的沉重和酸楚，因為我最尊敬的老師，亦即此書的主要作者冼劍民教授永遠看不到了。

　　冼老師是土生土長的廣州人，家鄉的一草一木帶給老師太深太深的感情。大學讀史開始，老師即立志於嶺南經濟文化史的研究。在多年的學術生涯中，冼老師以嚴謹認真的治史精神、執著細膩的治史風格先後發表了幾十篇有學術分量的嶺南文史論文，是《廣東通史》《廣州通史》的主要執筆人。當別人忙於鑽營拿課題時，老師卻開始了學者們不屑一顧但對學術有著重要意義的碑刻蒐集整理工作，用十多年的心血蒐集編撰了上百萬字的《廣東碑刻集》和《廣州碑刻集》。正由於此項工作的龐大繁瑣，老師忽視了自己的身體，當病痛求醫時，卻被告知為絕症。上天是如此的不公，可老師卻一直隱瞞著我們，直到再次住院。

　　冼老師淡泊名利，更重情重義。當初趙榮光教授登門邀請加盟《中國飲食文化史》（十卷本）撰寫小組，老師雖身體欠佳卻仍慨然應允。數年的艱辛，《中國飲食文化史·東南地區卷》初稿終完成，卻好事多磨而擱置。如此，老師坦然處之。二○一○年夏天老師剛做完第八次化療在家休養，然面對出版社領導和編輯親臨羊城的誠意，老師又開始了文章的全面修改，並對我所寫的後幾章提出了相當多的寶貴意見，直到生命的最後一刻。在送走老師後，按照編輯的要求我對全書進行了認真的校對，並做了一些修改和補充，最終在二○一一年年底得以全部完成，藉此以慰老師的在天之靈。

《中國飲食文化史・東南地區卷》是師生合作的結果，冼老師負責全書的提綱和前三章，我負責後四章的撰寫。本書寫作思路主要以東南邊疆開發史、民族文化交流史和經濟發展史為主線，主要闡述粵閩飲食文化的發生、發展、成熟和傳播的過程，並希望通過異彩紛呈的飲食事象，揭示東南地區飲食文化中的學術思想和文化內涵。在寫作過程中我們首先要感謝暨南大學的林乃燊教授，他自始至終關注本研究項目的進展，並親臨督導本書的撰寫工作，沒有他的幫助就沒有今天的成果。也十分感謝我的師弟林慶，他為本書的校對做了許多工作。可以說本書是老中青三代人的心血結晶。在出版過程中，中國輕工業出版社的馬靜副總編輯、方程編輯精心審稿，提出許多寶貴意見，使本書不斷完善，對他們為本書付出的辛勤勞動，在此深表謝忱！

　　東南地區飲食文化內容豐富，在僅限二十幾萬字的書稿中難以盡述，為突出主體內容，在很多地方只能提要鉤玄，故未免會有掛一漏萬之嫌。再有就是在踩點調查中，我們雖走遍東南地區，但尚未能在東南亞及歐美等國實地調查粵菜在世界各地的影響，這實在是一個遺憾。同時，由於我們的研究水平和工作條件所限，書中必有許多不足之處，不少地方自己仍覺未盡如人意，在此懇請專家和讀者多多批評指正。

作者寫於癸巳年春

為了心中的文化堅守
——記《中國飲食文化史》（十卷本）的出版

《中國飲食文化史》（十卷本）終於出版了。我們迎來了遲到的喜悅，為了這一天，我們整整守候了二十年！因此，這一份喜悅來得深沉，來得艱辛！

（一）

談到這套叢書的緣起，應該說是緣於一次重大的歷史機遇。

一九九一年，「首屆中國飲食文化國際學術研討會」在北京召開。掛帥的是北京市副市長張建民先生，大會的總組織者是北京市人民政府食品辦公室主任李士靖先生。來自世界各地及國內的學者濟濟一堂，共敘「食」事。中國輕工業出版社的編輯馬靜有幸被大會組委會聘請為論文組的成員，負責審讀、編輯來自世界各地的大會論文，也有機緣與來自國內外的專家學者見了面。

這是一次高規格、高水準的大型國際學術研討會，自此拉開了中國食文化研究的熱幕，成為一個具有里程碑意義的會議。這次盛

大的學術會議激活了中國久已蘊藏的學術活力，點燃了中國飲食文化建立學科繼而成為顯學的希望。

在這次大會上，與會專家議論到了一個嚴肅的學術話題——泱泱中國，有著五千年燦爛的食文化，其豐厚與絢麗令世界矚目——早在一百七十萬年前元謀（雲南）人即已發現並利用了火，自此開始了具有劃時代意義的熟食生活；古代先民早已普遍知曉三點決定一個平面的幾何原理，製造出了鼎、鬲等飲食容器；先民發明了二十四節氣的農曆，在夏代就已初具雛形，由此創造了中華民族最早的農耕文明；中國是世界上最早栽培水稻的國家，也是世界上最早使用蒸汽烹飪的國家；中國有著令世界傾倒的美食；有著製作精美的最早的青銅器酒具，有著世界最早的茶學著作《茶經》……為世界飲食文化建起了一座又一座的豐碑。然而，不容迴避的現實是，至今沒有人來系統地彰顯中華民族這些了不起的人類文明，因為我們至今都沒有一部自己的飲食文化史，飲食文化研究的學術制高點始終掌握在國外學者的手裡，這已成為中國學者心中的一個痛，一個鬱鬱待解的沉重心結。

這次盛大的學術集會激發了國內專家奮起直追的勇氣，大家發出了共同的心聲：全方位地占領該領域學術研究的制高點時不我待！作為共同參加這次大會的出版工作者，馬靜和與會專家有著共同的強烈心願，立志要出版一部由國內專家學者撰寫的中華民族飲食文化史。趙榮光先生是中國飲食文化研究領域建樹頗豐的學者，

此後由他擔任主編，開始了作者隊伍的組建，東西南北中，八方求賢，最終形成了一支覆蓋全國各個地區的飲食文化專家隊伍，可謂學界最強陣容。並商定由中國輕工業出版社承接這套學術著作的出版，由馬靜擔任責任編輯。

此為這部書稿的發端，自此也踏上了二十年漫長的坎坷之路。

（二）

撰稿是極為艱辛的。這是一部填補學術空白與出版空白的大型學術著作，因此沒有太多的資料可資借鑑，多年來，專家們像在沙裡淘金，爬梳探微於浩瀚古籍間，又像春蠶吐絲，絲絲縷縷傾吐出歷史長河的乾坤經緯。冬來暑往，飽嘗運筆滯澀時之苦悶，也飽享柳暗花明時的愉悅。殺青之後，大家一心期待著本書的出版。

然而，現實是嚴酷的，這部嚴肅的學術著作面臨著商品市場大潮的衝擊，面臨著生與死的博弈，一個繞不開的話題就是經費問題，沒有經費將寸步難行！我們深感，在沒有經濟支撐的情況下，文化將沒有任何尊嚴可言！這是苦苦困擾了我們多年的一個苦澀的原因。

一部學術著作如果不能靠市場賺得效益，那麼，出還是不出？這是每個出版社都必須要權衡的問題，不是一個責任編輯想做就能做決定的事情。一九九九年本書責任編輯馬靜生病住院期間，有關

領導出於多方面的考慮，探病期間明確表示，該工程必須下馬。作為編輯部的一件未盡事宜，我們一方面八方求助資金以期救活這套書，另一方面也在以萬分不捨的心情為其尋找一個「好人家」「過繼」出去。由於沒有出版補貼，遂被多家出版社婉拒。在走投無路之時，馬靜求助於出版同仁、老朋友——上海人民出版社的李偉國總編輯。李總編學歷史出身，深諳我們的窘境，慷慨出手相助，他希望能削減一些字數，並答應補貼十萬元出版這套書，令我們萬分感動！

但自「孩子過繼」之後，我們心中出現的竟然是在感動之後的難過，是「過繼」後的難以割捨，是「一步三回頭」的牽掛！「我的孩子安在？」時時襲上心頭，遂「長使英雄淚滿襟」——它畢竟是我們已經看護了十來年的孩子。此時心中湧起的是對自己無錢而又無能的自責，是時時想「贖回」的強烈願望！至今寫到這裡仍是眼睛濕潤唏噓不已……

經由責任編輯提議，由主編撰寫了一封情辭懇切的「請願信」，說明該套叢書出版的重大意義，以及出版經費無著的困窘，希冀得到飲食文化學界的一位重量級前輩——李士靖先生的幫助。這封信由馬靜自北京發出，一站一站地飛向了全國，意欲傳到十卷叢書的每一位專家作者手中簽名。於是這封信從東北飛至西北，從東南飛至西南，從黃河飛至長江……歷時一個月，這封滿載著全國專家學者殷切希望的滾燙的聯名信件，最終傳到了「北京中國飲食文化研

究會」會長、北京市人民政府食品辦公室主任李士靖先生手中。李士靖先生接此信後，如雙肩荷石，沉吟許久，遂發出軍令一般的誓言：我一定想辦法幫助解決經費，否則，我就對不起全國的專家學者！在此之後，便有了知名企業家——北京稻香村食品有限責任公司董事長、總經理畢國才先生慷慨解囊、義舉資助本套叢書經費的感人故事。畢老總出身書香門第，大學讀的是醫學專業，對中國飲食文化有著天然的情愫，他深知這套學術著作出版的重大價值。這筆資助，使得這套叢書得以復甦——此時，我們的深切體會是，只有餓了許久的人，才知道糧食的可貴！……

在我們獲得了活命的口糧之後，就又從上海接回了自己的「孩子」。在這裡我們要由衷感謝李偉國總編輯的大度，他心無半點芥蒂，無條件奉還書稿，至今令我們心存歉意！

有如感動了上蒼，在我們一路跌跌撞撞泣血奔走之時，國賜良機從天而降——國家出版基金出台了！它旨在扶助具有重要出版價值的原創學術精品力作。經嚴格篩選審批，本書獲得了國家出版基金的資助。此時就像大旱中之雲霓，又像病困之人輸進了新鮮血液，由此全面盤活了這套叢書。這筆資金使我們得以全面鋪開精品圖書製作的質量保障系統工程。後續四十多道工序的工藝流程有了可靠的資金保證，從此結束了我們捉襟見肘、寅吃卯糧的日子，從而使我們恢復了文化的自信，感受到了文化的尊嚴！

（三）

我們之所以做苦行僧般的堅守，二十年來不離不棄，是因為這套叢書所具有的出版價值——中國飲食文化是中華文明的核心元素之一，是中國五千年燦爛的農耕文化和畜牧漁獵文化的思想結晶，是世界先進文化和人類文明的重要組成部分，它反映了中國傳統文化中的優秀思想精髓。作為出版人，弘揚民族優秀文化，使其走出國門走向世界，是我們義不容辭的責任，儘管文化堅守如此之艱難。

季羨林先生說，世界文化由四大文化體系組成，中國文化是其中的重要組成部分（其他三個文化體系是古印度文化、阿拉伯—波斯文化和歐洲古希臘—古羅馬文化）。中國是世界上唯一沒有中斷文明史的國家。中國自古是農業大國，有著古老而璀璨的農業文明，它是中國飲食文化的根基所在，就連代表國家名字的專用詞「社稷」，都是由「土神」和「穀神」組成。中國飲食文化反映了中華民族這不朽的農業文明。

中華民族自古以來就有著「五穀為養，五果為助，五畜為益，五菜為充」的優良飲食結構。這個觀點自兩千多年前的《黃帝內經》時就已提出，在兩千多年後的今天來看，這種飲食結構仍是全世界推崇的科學飲食結構，也是當代中國大力倡導的健康飲食結構。這是來自中華民族先民的智慧和驕傲。

中華民族信守「天人合一」的理念，在年復一年的勞作中，先民們敬畏自然，尊重生命，守天時，重時令，拜天祭地，守護山河大海，守護森林草原。先民發明的農曆二十四個節氣，開啟了四季的農時輪迴，他們既重「春日」的生發，又重「秋日」的收穫，他們頌春，愛春，喜秋，敬秋，創造出無數的民俗、農諺。「吃春餅」「打春牛」「慶豐登」……然而，他們節儉、自律，沒有掠奪式的索取，他們深深懂得人和自然是休戚與共的一體，愛護自然就是愛護自己的生命，從不竭澤而漁。早在周代，君王就已經認識到生態環境安全與否關乎社稷的安危。在生態環境嚴重惡化的今天，在掠奪式開採資源的當代，對照先民們信守千年的優秀品質，不值得當代人反思嗎？

中華民族篤信「醫食同源」的功用，在現代西方醫學傳入中國以前，幾千年來「醫食同源」的思想護佑著中華民族的繁衍生息。中國的歷史並非長久的風調雨順、豐衣足食，而是災荒不斷，迫使人們不斷尋找、擴大食物的來源。先民們既有「神農嚐百草，日遇七十二毒」的艱險，又有「得茶而解」的收穫，一代又一代先民，用生命的代價換來了既可果腹又可療疾的食物。所以，在中華大地上，可用來作食物的資源特別多，它是中華先民數千年戮力開拓的豐碩成果，是先民們留下的寶貴財富；「醫食同源」也是中國飲食文化最傑出的思想，至今食療食養長盛不衰。

中華民族有著「尊老」的優良傳統，在食俗中體現尤著。居家

吃飯時第一碗飯要先奉給老人，最好吃的也要留給老人，這也是農耕文化使然。在古老的農耕時代，老人是農耕技術的傳承者，是新一代勞動力的培養者，因此使老者具有了權威的地位。尊老，是農耕生產發展的需要，祖祖輩輩代代相傳，形成了中華民族尊老的風習，至今視為美德。

中國飲食文化的一個核心思想是「尚和」，主張五味調和，而不是各味單一，強調「鼎中之變」而形成了各種復合口味，從而構成了中國烹飪豐富多彩的味型，構建了中國烹飪獨立的文化體系，久而昇華為一種哲學思想——尚和。《中庸》載「和也者，天下之達道」，這種「尚和」的思想體現到人文層面的各個角落。中華民族自古崇尚和諧、和睦、和平、和順，世界上沒有哪一個國家能把「飲食」的社會功能發揮到如此極致，人們以食求和體現在方方面面：以食尊師敬老，以食饗友待客，以宴賀婚、生子以及陞遷高就，以食致歉求和，以食表達謝意致敬……「尚和」是中華民族一以貫之的飲食文化思想。

「一方水土養一方人」。這十卷本以地域為序，記述了在中國這片廣袤的土地上有如萬花筒一般絢麗多彩的飲食文化大千世界，記錄著中華民族的偉大創造，也記述了各地專家學者的最新科研成果——舊石器時代的中晚期，長江下游地區的原始人類已經學會捕魚，使人類的食源出現了革命性的擴大，從而完成了從矇昧到文明的轉折；早在商周之際，長江下游地區就已出現了原始瓷；春秋時

期筷子已經出現；長江中游是世界上最早栽培稻類作物的地區。《呂氏春秋‧本味》述於二千三百年前，是中國歷史上最早的烹飪「理論」著作；中國最早的古代農業科技著作是北魏高陽（今山東壽光）太守賈思勰的《齊民要術》；明代科學家宋應星早在幾百年前，就已經精闢論述了鹽與人體生命的關係，可謂學界的最先聲；新疆人民開鑿修築了坎兒井用於農業灌溉，是農業文化的一大創舉；孔雀河出土的小麥標本，把小麥在新疆地區的栽培歷史提早到了近四千年前；青海喇家麵條的發現把我國食用麵條最早記錄的東漢時期前提了兩千多年；豆腐的發明是中國人民對世界的重大貢獻；有的卷本述及古代先民的「食育」理念；有的卷本還以大開大闔的筆力，勾勒了中國幾萬年不同時期的氣候與人類生活興衰的關係等等，真是處處珠璣，美不勝收！

這些寶貴的文化財富，有如一顆顆散落的珍珠，在沒有串成美麗的項鏈之前，便彰顯不出它的耀眼之處。如今我們完成了這一項工作，雕琢出了一串光彩奪目的珍珠，即將放射出耀眼的光芒！

（四）

編輯部全體工作人員視稿件質量為生命，不敢有些許懈怠，我們深知這是全國專家學者二十年的心血，是一項極具開創性而又十分艱辛的工作。我們肩負著填補國家學術空白、出版空白的重託。

這個大型文化工程，並非三朝兩夕即可一蹴而就，必須長年傾心投入。因此多年來我們一直保持著飽滿的工作激情與高度的工作張力。為了保證圖書的精品質量並儘早付梓，我們無年無節、終年加班而無怨無悔，個人得失早已置之度外。

全體編輯從大處著眼，力求全稿觀點精闢，原創鮮明。各位編輯極儘自身多年的專業積累，傾情奉獻：修正書稿的框架結構，爬梳提煉學術觀點，補充遺漏的一些重要史實，匡正學術觀點的一些訛誤之處，並誠懇與各卷專家作者切磋溝通，務求各卷寫出學術亮點，其拳拳之心殷殷之情青天可鑒。編稿之時，為求證一個字、一句話，廣查典籍，數度披閱增刪。青黃燈下，蹙眉凝思，不覺經年久月，眉間「川」字如刻。我們常為書稿中的精闢之處而喜不自勝，更為瑕疵之筆而扼腕嘆息！於是孜孜矻矻、秉筆躬耕，一句句、一字字吟安鋪穩，力求語言圓通，精煉可讀。尤其進入後期階段，每天下班時，長安街上已是燈火闌珊，我們卻剛剛送走一個緊張工作的夜晚，又在迎接著一個奮力拚搏的黎明。

為了不懈地追求精品書的品質，本套叢書每卷本要經過四十多道工序。我們延請了國內頂級專家為本書的質量把脈，中華書局的古籍專家劉尚慈編審已是七旬高齡，她以古籍善本為據，為我們的每卷書稿逐字逐句地核對了古籍原文，幫我們糾正了數以千計的舛誤，從她那裡我們學到了非常多的古籍專業知識。有時已是晚九時，老人家還沒吃飯在為我們核查書稿。看到原稿不盡如人意時，

老人家會動情地對我們喊起來，此時，我們感動！我們折服！這是一位學者一種全身心地忘我投入！為了這套書，她甚至放下了自己的個人著述及其他重要邀請。

中國社會科學院歷史研究所李世愉研究員，為我們審查了全部書稿的史學內容，匡正和完善了書稿中的許多漏誤之處，使我們受益匪淺。在我們圖片組稿遇到困難之時，李老師憑藉深廣的人脈，給了我們以莫大的幫助。他是我們的好師長。

本書中涉及各地區少數民族及宗教問題較多，是我們最擔心出錯的地方。為此我們把書稿報送了國家宗教局、國家民委、中國藏學研究中心等權威機構精心審查了書稿，並得到了他們的充分肯定，使我們大受鼓舞！

我們還要感謝北京觀復博物館、大連理工大學出版社幫我們提供了許多有價值的歷史圖片。

為了嚴把書稿質量，我們把做辭書時使用的有效方法用於這部學術精品專著，即對本書稿進行了二十項「專項檢查」以及後期的五十三項專項檢查，諸如，各卷中的人名、地名、國名、版圖、疆域、西元紀年、諡號、廟號、少數民族名稱、現當代港澳臺地名的表述等，由專人做了逐項審核。為使高端學術著作科普化，我們對書稿中的生僻字加了注音或簡釋。

其間，國家新聞出版總署貫徹執行「學術著作規範化」，我們聞風而動，請各卷作者添加或補充了書後的參考文獻、索引，並逐

一完善了書稿中的註釋，嚴格執行了總署的文件規定不走樣。

我們還要感謝各卷的專家作者對編輯部非常「給力」的支持與配合，為了提高書稿質量，我們請作者做了多次修改及圖片補充，不時地去「電話轟炸」各位專家，一頭卡定時間，一頭卡定質量，真是難為了他們！然而，無論是時處酷暑還是嚴冬，都基本得到了作者們的高度配合，特別是和我們一起「摽」了二十年的那些老作者，真是同呼吸共命運，他們對此書稿的感情溢於言表。這是一種無言的默契，是一種心靈的感應，這是一支二十年也打不散的隊伍！憑著中國學者對傳承優秀傳統文化的責任感，靠著一份不懈的信念和期待，苦苦支撐了二十年。在此，我們向此書的全體作者深深地鞠上一躬！致以二十年來的由衷謝意與敬意！

由於本書命運多舛遷延多年，作者中不可避免地發生了一些變化，主要是由於身體原因不能再把書稿撰寫或修改工作堅持下去，由此形成了一些卷本的作者缺位。正是我們作者團隊中的集體意識及合作精神此時彰顯了威力——當一些卷本的作者缺位之時，便有其他卷本的專家伸出援助之手，像接力棒一樣傳下去，使全套叢書得以正常運行。華中師範大學的博士生導師姚偉鈞教授便是其中最出力的一位。今天全書得以付梓而沒有出現缺位現象，姚老師功不可沒！

「西藏」「新疆」原本是兩個獨立的部分，組稿之初，趙榮光先生殫精竭慮多方奔走物色作者，由於難度很大，終而未果，這已成

為全書一個未了的心結。後期我們傾力進行了接續性的推動，在相關專家的不懈努力下，終至彌補了地區缺位的重大遺憾，並獲得了有關審稿權威機構的好評。

最令我們難過的是本書「東南卷」作者、暨南大學碩士生導師、冼劍民教授沒能見到本書的出版。當我們得知先生患重病時即趕赴探望，那時先生已骨瘦如柴，在酷熱的廣州夏季，卻還身著毛衣及馬甲，接受著第八次化療。此情此景令人動容！後得知冼先生化療期間還在堅持修改書稿，使我們感動不已。在得知冼先生病故時，我們數度哽咽！由此催發我們更加發憤加快工作的步伐。在本書出版之際，我們向冼劍民先生致以深深的哀悼！

在我們申報國家項目和有關基金之時，中國農大著名學者李里特教授為我們多次撰寫審讀推薦意見，如今他竟然英年早逝離我們而去，令我們萬分悲痛！

在此期間，李漢昌先生也不幸遭遇重大車禍，嚴重影響了身心健康，在此我們致以由衷的慰問！

（五）

中國飲食文化學是一門新興的綜合學科，涉及歷史學、民族學、民俗學、人類學、文化學、烹飪學、考古學、文獻學、地理經濟學、食品科技史、中國農業史、中國文化交流史、邊疆史地、經

濟與商業史等諸多學科，現正處在學科建設的爬升期，目前已得到越來越多領域的關注，也有越來越多的有志學者投身到這個領域裡來，應該說，現在已經進入了最好的時期，從發展趨勢看，最終會成為顯學。

早在一九九八年於大連召開的「世界華人飲食科技與文化國際學術研討會」，即是以「建立中國飲食文化學」為中心議題的。這是繼一九九一年之後又一次重大的國際學術會議，是一九九一年國際學術會議成果的繼承與接續。建立「中國飲食文化學」這個新的學科，已是國內諸多專家學者的共識。在本叢書中，就有專家明確提出，中國飲食文化應該納入「文化人類學」的學科，在其之下建立「飲食人類學」的分支學科。為學科理論建設搭建了開創性的構架。

這套叢書的出版，是學科建設的重要組成部分，它完成了一個帶有統領性的課題，它將成為中國飲食文化理論研究的扛鼎之作。本書的內容覆蓋了全國的廣大地區及廣闊的歷史空間，本書從史前開始，一直敘述到當代的二十一世紀，貫通時間百萬年，從此結束了中國飲食文化無史和由外國人寫中國飲食文化史的局面。這是一項具有里程碑意義的歷史文化工程，是中國對世界文明的一種國際擔當。

二十年的風風雨雨、坎坎坷坷我們終於走過來了。在拜金至上

的浮躁喧囂中，我們為心中的那份文化堅守經過了煉獄般的洗禮，我們坐了二十年的冷板凳但無怨無悔！因為由此換來的是一項重大學術空白、出版空白的填補，是中國五千年厚重文化積澱的梳理與總結，是中國優秀傳統文化的彰顯。我們完成了一項重大的歷史使命，我們完成了老一輩學人對我們的重託和當代學人的夙願。這二十年的泣血之作，字裡行間流淌著中華文明的血脈，呈獻給世人的是祖先留給我們的那份精神財富。

我們篤信，中國飲食文化學的崛起是歷史的必然，它就像那冉冉升起的朝陽，將無比燦爛輝煌！

《中國飲食文化史》編輯部

二〇一三年九月

亮點書系. 中國文化通史 A1002006

中國飲食文化史・東南地區卷　下冊

主　　編	趙榮光
版權策畫	李　鋒
責任編輯	楊婉慈
發 行 人	林慶彰
總 經 理	梁錦興
總 編 輯	張晏瑞
編 輯 所	萬卷樓圖書股份有限公司
排　　版	菩薩蠻數位文化有限公司
印　　刷	百通科技股份有限公司
封面設計	菩薩蠻數位文化有限公司

出　　版　昌明文化有限公司

桃園市龜山區中原街 32 號

電話　(02)23216565

發　　行　萬卷樓圖書股份有限公司

臺北市羅斯福路二段 41 號 6 樓之 3

電話　(02)23216565

傳真　(02)23218698

電郵　SERVICE@WANJUAN.COM.TW

大陸經銷

廈門外圖臺灣書店有限公司

　　電郵　JKB188@188.COM

ISBN 978-986-496-141-2

2018 年 1 月初版

2020 年 6 月初版二刷

定價：新臺幣 380 元

如何購買本書：

1. 劃撥購書，請透過以下郵政劃撥帳號：

　帳號：15624015

　戶名：萬卷樓圖書股份有限公司

2. 轉帳購書，請透過以下帳戶

　合作金庫銀行　古亭分行

　戶名：萬卷樓圖書股份有限公司

　帳號：0877717092596

3. 網路購書，請透過萬卷樓網站

　網址 WWW.WANJUAN.COM.TW

大量購書，請直接聯繫我們，將有專人為您

服務。客服：(02)23216565　分機 610

如有缺頁、破損或裝訂錯誤，請寄回更換

版權所有・翻印必究

Copyright©2020 by WanJuanLou Books CO., Ltd.

All Right Reserved　　　　**Printed in Taiwan**

國家圖書館出版品預行編目資料

中國飲食文化史. 東南地區卷 / 趙榮光著. --

初版. -- 桃園市：昌明文化出版；臺北市：

萬卷樓發行, 2018.01

　冊；　公分

ISBN 978-986-496-141-2(下冊：平裝)

1.飲食風俗 2.中國

538.782　　　　　　　　　　107001748

本著作物經廈門墨客知識產權代理有限公司代理，由中國輕工業出版社授權萬卷樓圖書股份有限公司出版、發行中文繁體字版版權。